4ステップ
大学生初級中国語

陳焔・戦暁梅・劉岸偉 著

白帝社

○イラスト：範天祚（京都精華大学大学院マンガ研究科）

本書では品詞を下記のように略しています。

名	名詞	前	前置詞
動	動詞	接	接続詞
形	形容詞	助	助詞
人・代	人称代名詞	文末・助	文末助詞
疑・代	疑問代名詞	動態・助	動態助詞
指・代	指示代名詞	固	固有名詞
数	数詞	語句	語句
量	量詞	複・名	複合名詞
助動	助動詞［＝能愿动词］	方	方位詞
副	副詞	感	感嘆詞

はじめに

　本書は中国語の基礎知識を学ぶ初心者のためのテキストで、全体は発音編のほかに、十一課からなり、週一回の授業で、一年間で学び終える構成となっています。本書の特色は以下のとおりです。

四つの明確な目標を設定
　全体は四つの「ユニット」に分けられ、それぞれ「きれいな発音で自己紹介しよう」、「自分の生活について話そう」、「趣味・好みについて語ろう」、「予定、感想について話そう」という明確な目標を決めて、ステップバイステップで学習を進めていくことによって、各段階の成果を点検し、達成感をもたせます。

統一ストーリーと自然な会話
　会話文は、日本人大学生鈴木俊介さんと井上美玲さんの留学生活と交友に基づいて展開し、なるべく現代の若者の生活を反映するように工夫されています。様々な場面での自然な会話を習得する一方、さながら一種の疑似留学体験にもなります。

丁寧・明晰な文法解説
　中国語の基礎文法、基本文型、各種品詞、構文の特性について、できるだけ丁寧かつ明晰に解説し、規範・重複・連想という言語学習の三要素をふまえて、文型の規範を示し、置き換え練習を設けて、文型に習熟し、作文力を高めてもらいます。

多様な練習問題
　コミュニケーションの実力を身につけてもらうために、イラストを取り入れて多種多様な練習問題を用意しました。
　「コラム」では、中国の歴史、文化、風俗習慣などを紹介しています。

　言語教育は一種の実験です。理論を実践と結びつけて検証していかなければなりません。本書をお使いになる方々に、ぜひ貴重なご意見をお寄せ下さるようお願い申し上げます。
　最後に、本テキストの編集にあたって、細部にわたっていろいろと貴重な助言をして頂いた白帝社の岸本詩子さんに心より感謝申し上げます。

著者識　2018年春

第8刷刊行に際して

　東京科学大学で本書を使用してくださった楊冠穹先生から、内容に関する様々なご意見、ご指摘をいただき、今回、部分的な修正を行いました。ここに深く感謝申し上げます。

● 目 次 ●

はじめに …… 3

ユニット1
きれいな発音で自己紹介しよう！

発音編
概要 …… 8
第一編　基本母音と子音 …… 9
第二編　複母音と鼻母音 …… 12
第三編　軽声、"儿 er" 化と声調変化
　　　　　　　　　　　　…… 15
第四編　総合練習 …… 17
　●コラム　中国の民族と言語 …… 19

第一課　我是日本人。 …… 20
1　人称代名詞
2　中国語の基本構文
3　疑問文
4　副詞 "也"、"不" と "很"
5　連体修飾の助詞 "的"
6　中国人の呼び方
7　名前の言い方

第二課　我的专业是建筑设计。 …… 28
1　指示代名詞（一）物・人を指示する
2　動詞述語文
3　反復型疑問文
4　疑問詞疑問文

ユニット練習1（発音編～第二課） …… 34
　●コラム　北京の名勝古跡 …… 36

ユニット2
自分の生活について話そう！

第三課　我家在东京。 …… 38
1　指示代名詞（二）場所を指示する
2　所在を表す "在"
3　存在、所有を表す "有"
4　"在" と "有" との違い
5　形容詞が名詞を修飾する
6　否定の副詞 "没" と "不"
7　方位詞
　●コラム　中国の世界遺産 …… 44

第四課　大学生活非常充实。 …… 46
1　中国語の時制とアスペクト（動態）助詞
2　完了を表す動態助詞 "了"
3　前置詞の "在"
4　副詞の使い方
5　時間状況語とその語順
6　比較表現の "比"
　●コラム　中国人の朝ごはん …… 53

第五課　你家有几口人？ …… 54
1　数の数え方
2　量詞と名詞との組み合わせ
3　疑問代名詞の "几" と "多少"
4　年月日と曜日の言い方
5　時刻の言い方
6　数字の "二" と "两"
7　連動文
8　年齢の尋ね方

ユニット練習2（第三課～第五課） …… 62

- ●コラム　中国の通貨と買い物 …… 64

ユニット3
趣味・好みについて語ろう！

第六課　我去过故宫和长城。…… 66
1. 状況の変化を示す"了"
2. 過去の経験を示す"过"
3. 動作の持続態
4. 動詞の重ね型
   - ●コラム　京劇への誘い …… 72

第七課　老舍茶馆儿离这儿不太远。…… 73
1. 前置詞（介詞）"给"
2. 主な形容詞
3. 形容詞の名詞化
4. 前置詞 "从" "到" "离"
5. "動詞＋一下"の文型
6. "又……又……"の文型
   - ●コラム　古都北京と老舗の味 …… 80

第八課　你会游泳吗? …… 81
1. 技能、能力を表す助動詞 "会" "能"
2. 可能性を示す助動詞 "会" "能" "可以"
3. 希望、願望を表す助動詞 "想" "要"
4. 「～しなければならない」を表す助動詞 "要" "得"
5. 選択疑問文

ユニット練習3（第六課～第八課） …… 88
- ●コラム　中国留学の勧め …… 90

ユニット4
予定、感想について話そう！

第九課　我准备春节前去丽江旅游。
…… 92

1. 動作の進行態
2. 動作の持続を表す"着"
3. 動作の方式を表す"着"
4. 接続詞
   - ●コラム　伝統行事と祝日 …… 99

第十課　你说汉语说得越来越地道了。
…… 100
1. 様態・程度補語
2. 結果補語と可能表現
3. 数量補語の位置
4. 文を従える動詞 "听说" "知道"
5. 祝福の表現
   - ●コラム　中国語のなかの外来語 …… 106

第十一課　护照和机票让我放在这儿了。
…… 108
1. 受け身表現
2. 処置の表現
3. 使役表現
4. 兼語文

ユニット練習4（第九課～第十一課）
…… 114

索引 …… 116
［付録1］主な専門分野と学科名 …… 126
［付録2］主な部活・サークル名 …… 128
中国地図
中国語音節表

本書の音声について

　本書で🎧マークがついた部分の中国語は、音声データ（MP3）をダウンロードして聞きます。ファイルはZIP形式で圧縮された形でダウンロードされ、無料でご利用いただけます。
　吹込み：凌慶成・王京帯・劉岸偉

　　　　https://www.hakuteisha.co.jp/news/n23834.html

※各機器と再生ソフトに関する技術的なご質問は、各メーカーにお願いいたします。
※ダウンロードがご不便な場合は、実費にてCDに音声を入れてお送りします。下記までご連絡ください。
　　㈱白帝社　　電話 03-3986-3271　　E-mail:info@hakuteisha.co.jp
※本書および本書の音声は著作権法で保護されています。

ユニット1

きれいな発音で自己紹介しよう!

発音編

概　要

標準語と方言

　中国語はシナーチベット諸語に属する言語で、中華人民共和国の公用語である。台湾及び外国の華僑の間でも話される。方言は、北方（北京、東北など）、呉（上海、蘇州など）、湘（湖南）、贛（江西）、客家（南方各省）、閩（福建、台湾）、粤（広東）の七つに大別される。
　標準語——"普通话"（プートンホワ）とよばれる共通語は、北方方言を基礎とし、北京語の発音を標準音としている。

中国語の特徴

　単語は実質的意味だけをもち、それらが孤立的に連続して文を構成し、文法的機能は主として語順によって果たされる。言語の類型的分類では孤立語に属する。

中国語の簡体字

　中華人民共和国では、文字改革によって制定された、簡略化した漢字を使用する。

中国語の"拼音"（ピンイン）

　「ピンイン」とは、中国語の発音を表記する記号、1958年公布の漢語拼音方案に基づいて、普通話をアルファベットで表したものを言う。

中国語の音節

　中国語の音節は単母音、複母音、鼻母音及び「子音＋母音」で構成され、それぞれ四つの声調で発音される。

第 一 編　　　　　基本母音と子音

1 ▎単母音

中国語の単母音は七つある。

| a　　o　　e　　i*(yi)　　u*(wu)　　ü*(yu)　　er |

＊（　）内は母音単独で音節をなす時の綴り方である。

2 ▎声調「四声」

　現代中国語の標準語には、四つの声調があり、通常「四声（しせい）」とよぶ。

　第一声 '‾' は四つの声調において、最も高く、その高さは変えることなく発音される。第二声 'ˊ' は少し低く始め、のち急上昇させる。第三声 'ˇ' が、最初のうち最も低く発音され、後少し高くなる。第四声 'ˋ' は、高く始め、のち急下降させる。

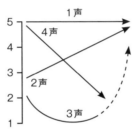

mā（妈）　　má（麻）　　mǎ（马）　mà（骂）

● 練習 ●

一　単母音を発音しなさい。
　　1　ā　ō　ē　ī　ū　ǖ　ēr
　　2　á　ó　é　í　ú　ǘ　ér
　　3　ǎ　ǒ　ě　ǐ　ǔ　ǚ　ěr
　　4　à　ò　è　ì　ù　ǜ　èr

二　次の音節を第一声で発音しなさい。
　　1　a — e　　2　a — o　　3　e — o　　4　yi — yu
　　5　e — er　　6　e — a　　7　o — wu　　8　wu — e

9　yu ── yi　　10　er ── e

三　次の音節を発音しなさい。

1　é ── ǒ　　2　yī ── yù　　3　ā ── ē　　4　ō ── wū
5　ér ── wú　　6　wú ── é　　7　è ── ā　　8　ó ── è

四　発音された方に○をつけなさい。

1　á（　）── é（　）　　　　2　à（　）── ò（　）
3　ē（　）── ō（　）　　　　4　yù（　）── yì（　）
5　ěr（　）── é（　）　　　　6　ā（　）── ē（　）
7　ǎ（　）── ǒ（　）　　　　8　ě（　）── ǒ（　）
9　yú（　）── yí（　）　　　10　ér（　）── ě（　）

3 ‖ 子音

　中国語の子音は 21 ある。下記の子音表の各子音の後ろには、母音が示されている。子音単独では発音しづらいので、発音練習する時、それぞれ母音をつけて行う。

子音表

唇　　音	bo	po	mo	fo
舌 尖 音	de	te	ne	le
舌 根 音	ge	ke	he	
舌 面 音	ji	qi	xi	
そり舌音	zhi	chi	shi	ri
舌 歯 音	zi	ci	si	

＊zh, ch, sh, r と z, c, s の後の i は、単母音の i とは異なる。
＊j, q, x は単母音 ü、あるいは ü で始まる母音と組み合わせる時、ü→u と書き換える。ü の上の点は書かない。

　子音は発声部位によって分類されてあるが、濁音と清音（無気音と有気音）のように区別もできる。

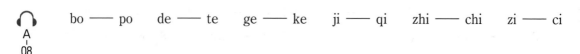

bo ── po　　de ── te　　ge ── ke　　ji ── qi　　zhi ── chi　　zi ── ci bō（波） pó（婆）　　dé（德） tè（特）　　gē（哥） kě（渴）

jī（鸡） qī（七）　　zhǐ（纸） chǐ（尺）　　zì（字） cí（词）

● 練習 ●

一　発音しなさい。

1　bā　　bó　　pǐ　　pù　　mǎ　　mí　　fō
2　dǔ　　dì　　tā　　tí　　nà　　nǚ　　lǚ　　lù
3　gè　　gū　　kǎ　　ké　　hù　　hā
4　jū　　jǐ　　qù　　qí　　xī　　xù
5　zhā　zhú　chè　chǐ　shù　shū　rè　　rú
6　zé　　zū　　cā　　cè　　sī　　sú

二　次のピンインを読みなさい。

1　bá —— pá　　2　bō —— pō　　3　bǐ —— pǐ　　4　bù —— pù
5　dā —— tā　　6　dí —— tí　　7　dè —— tè　　8　dǔ —— tǔ
9　gǎ —— kǎ　　10　gū —— kū　　11　gè —— kè　　12　jī —— qī
13　jú —— qú　　14　jǐ —— qǔ　　15　zhè —— chè　　16　zhǎ —— chǎ
17　zhū —— chū　　18　zū —— cū　　19　zǎ —— cā　　20　zé —— cè

三　発音された方に○をつけなさい。

1　bǔ（　）— bǒ（　）　2　pā（　）— pō（　）　3　mù（　）— mò（　）
　　bō（　）— bū（　）　　 pó（　）— pà（　）　　 mó（　）— mú（　）

4　hé（　）— lé（　）　5　lè（　）— rè（　）　6　jī（　）— jū（　）
　　sē（　）— cé（　）　　 zì（　）— rì（　）　　 jú（　）— jí（　）

7　nǐ（　）— nǚ（　）　8　xī（　）— shī（　）　9　sù（　）— xù（　）
　　lǐ（　）— lǘ（　）　　 shí（　）— xí（　）　　 sì（　）— xì（　）

10　shē（　）— sē（　）　11　zǔ（　）— zǐ（　）　12　shī（　）— sī（　）
　　xí（　）— qí（　）　　 zì（　）— zú（　）　　 xī（　）— xū（　）

第二編　複母音と鼻母音

1 複母音

複母音とは単母音が二つ以上複合してできた母音の音節である。複母音の音節には、主母音という他の母音と比べて少し長く、はっきりと発音する母音がある。なお、**声調符号は主母音につく**。前の母音から後ろの母音へなめらかに移行していくように発音する。

ai	ei	ao	ou	
ia(ya)	ie(ye)	ua(wa)	uo(wo)	üe(yue)
iao(yao)	*iou(you)	uai(wai)	*uei(wei)	

＊（　）内の表記は母音が単独で音節をなすときの綴り方である。

＊複母音の"iou、uei"は前に子音がつくと、まん中の"o、e"が聞き取りにくくなり、綴りから消す。声調符号は後ろの母音につく。例えば、酒（jiǒu → jiǔ）、亀（guēi → guī）のように綴る。

●練習●

一　次の音節を発音しなさい。

愛（ài）　　熬（áo）　　偶（ǒu）　　牙（yá）　　夜（yè）　　蛙（wā）
我（wǒ）　　月（yuè）　　妖（yāo）　　友（yǒu）　　伟（wěi）

小桥（xiǎoqiáo）　牛奶（niúnǎi）　花鸟（huāniǎo）　水稻（shuǐdào）　海岛（hǎidǎo）

二　音節の違いに注意して発音しなさい。

	1	少 shào	2	绕 rào	3	悄 qiāo	4	草 cǎo
		小 xiǎo		酪 lào		超 chāo		考 kǎo
	5	奇 qí	6	鹫 jiū	7	学 xué	8	飞 fēi
		急 jí		诌 zhōu		鞋 xié		黑 hēi
	9	朝 zhāo	10	落 luò	11	乌 wū	12	爷 yé
		郊 jiāo		楼 lóu		蜗 wō		岳 yuè

2 鼻母音

　日本語の鼻音「ん」はnとngのどっちなのかを意識して発音しないのに対して、中国語の鼻音はnかngかをはっきりと区別して発音する。中国語の鼻母音は鼻音nかngを母音の後ろにつけて、発音する。nとngの発音方法は次の通りである。

・n 　舌を上の歯茎の裏に押しつけて発音する。
・ng 　口をやや大きく開けたまま、舌の後部を奥へ軽く引いて、舌先はどこにもつけない。

> n： an　en　in(yin)　ün(yun)　ian(yan)
> 　　uan(wan)　uen(wen)　üan(yuan)
> ng： ang　eng　ing(ying)　iang(yang)　iong(yong)
> 　　ong　uang(wang)　ueng(weng)

＊鼻母音uenの前に子音がつく時、eが弱く聞こえるので、綴りから消す。
　例えば、盾（duen — dùn）、轮（luen — lún）。

● 練習 ●

一　次の音節を発音しなさい。

| 1 丹 dān | 2 潭 tán | 3 感 gǎn | 4 伴 bàn | 5 芬 fēn |
| 当 dāng | 唐 táng | 港 gǎng | 磅 bàng | 风 fēng |

6 盆 pén　7 枕 zhěn　8 甚 shèn　9 今 jīn　10 林 lín
　朋 péng　　整 zhěng　　胜 shèng　　京 jīng　　零 líng

11 品 pǐn　12 鬓 bìn　13 君 jūn　14 云 yún　15 迅 xùn
　柄 bǐng　　病 bìng　　窘 jiǒng　　寻 xún　　兄 xiōng

16 肩 jiān　17 涟 lián　18 免 miǎn　19 燕 yàn　20 湾 wān
　江 jiāng　　凉 liáng　　抢 qiǎng　　样 yàng　　汪 wāng

21 宽 kuān　22 软 ruǎn　23 攒 zǎn　24 吞 tūn　25 轮 lún
26 稳 wěn　27 眶 kuàng　28 寸 cùn　29 渊 yuān　30 泉 quán
31 卷 juǎn

二　発音された方に○をつけなさい。

1　shuān　（　）　　2　huán　（　）　　3　làn　（　）　　4　běn　（　）
　　shuāng（　）　　　　huáng（　）　　　　ràng（　）　　　běng（　）

5　guàn　（　）　　6　nián　（　）　　7　wàn　（　）　　8　jǐn　（　）
　　guàng（　）　　　　niáng（　）　　　　wàng（　）　　　jǐng（　）

9　qián　（　）　　10　dūn　（　）　　11　yǐn　（　）　　12　nán　（　）
　　qiáng（　）　　　　dōng（　）　　　　yǐng（　）　　　náng（　）

13　rǎn　（　）　　14　qiān　（　）
　　rǎng（　）　　　　qiāng（　）

第三編　　　軽声、"儿 er"化と声調変化

1 軽声

軽声とは本来の声調を失って、軽く短く発音する音節である。普通、軽声は二音節語の二つ目の音節に現れる。一つ目の音節をきちんと読み、その高さにそえて二つ目の音節を短く発音する。軽声には声調符号をつけない。

一つ目の音節が第一声、第二声、第四声の場合、軽声は低く発音する。

第一声	先生 xiānsheng	妈妈 māma	屋子 wūzi	东西 dōngxi
	孙子 sūnzi	箱子 xiāngzi	歇息 xiēxi	精神 jīngshen

第二声	学生 xuésheng	朋友 péngyou	茄子 qiézi	儿子 érzi
	梅子 méizi	蚊子 wénzi	行头 xíngtou	莲蓬 liánpeng

第四声	性子 xìngzi	大意 dàyi	妹妹 mèimei	愿意 yuànyi
	罐子 guànzi	认识 rènshi	份子 fènzi	乱子 luànzi

一つ目の音節が第三声の場合、軽声は高く聞こえる。

第三声	姐姐 jiějie	耳朵 ěrduo	影子 yǐngzi	场子 chǎngzi
	稿子 gǎozi	姥姥 lǎolao	本子 běnzi	簸箩 bǒluo

2 "儿 er"化

音節の末尾にそり舌母音の"er"をつけることを"儿化"という。ピンインの綴りでは"-r"だけを書く。音節によって、"-r"化された元の音節に音変化が生じることがある。

音変化なし

　　花 huā + er ― 花儿 huār　　　　猴 hóu + er ― 猴儿 hóur
　　猫 māo + er ― 猫儿 māor　　　　果 guǒ + er ― 果儿 guǒr

"-i"脱落

　　小孩 xiǎohái + er ― 小孩儿 xiǎohair　　香味 xiāngwèi + er ― 香味儿 xiāngwèir
　　口袋 kǒudài + er ― 口袋儿 kǒudàir　　　辈 bèi + er ― 辈儿 bèir

鼻母音 "-n" 脱落

花生仁 huāshēngrén ＋ er ― 花生仁儿 huāshēngrénr

饭馆 fànguǎn ＋ er ― 饭馆儿 fànguǎnr　　车轮 chēlún ＋ er ― 车轮儿 chēlúnr

鼻母音 "-ng"

电影 diànyǐng ＋ er ― 电影儿 diànyǐngr

蛋黄 dànhuáng ＋ er ― 蛋黄儿 dànhuángr

筐 kuāng ＋ er ― 筐儿 kuāngr

3 ‖ 声調変化

二つの音節が連続した時に起こる「声調変化」について説明する。

第三声の声調変化

二つの音節がともに**第三声**の場合、一つ目の音節に声調変化が起こる。つまり第三声を第二声で発音する。ただし、声調符号は第三声のままに書く。

你好 nǐ hǎo. ―"ní hǎo."（こんにちは。）

手稿 shǒugǎo ―"shóugǎo"（手書きの原稿）

很满意 hěn mǎnyì. ―"hén mǎnyì."（とても満足している。）

表里如一 biǎolǐ rúyī ― biáolǐ rúyī（裏表がない）

"不 bù" の声調変化

否定を表す副詞の"不"は第四声で発音するが、後ろにつく音節が第四声のとき、"不"が第四声から第二声に変わる。

不是 bù ＋ shì ― bú shì（～ではない）　　不去 bù ＋ qù ― bú qù（行かない）

不会 bù ＋ huì ― bú huì（～できない）

不认识 bù ＋ rènshi ― bú rènshi（～と知り合いではない）

"一 yī" の声調変化

数字の"一"は本来第一声だが、後ろに第一、二、三声がつくと、**第四声**に変わる。後ろに第四声がつくと**第二声**になる。

一千 yī ＋ qiān ― yì qiān　　一年 yī ＋ nián ― yì nián　　一百 yī ＋ bǎi ― yì bǎi

一万 yī ＋ wàn ― yí wàn　　一共 yī ＋ gòng ― yí gòng（全部で）

＊序数を表すときは、声調変化が起こらない。

一月 yī yuè

第 四 編　　　　　総合練習

一　発音してみよう。

1　親族 ── 亲戚 qīnqi

母方：māma　　lǎoye　　lǎolao　　jiùjiu　　yí
　　　妈妈　　姥爷*　　姥姥*　　舅舅　　姨

父方：bàba　　yéye　　nǎinai　　dàbó　　shūshu　　gūgu
　　　爸爸　　爷爷　　奶奶　　大伯　　叔叔　　姑姑

兄弟：gēge　　jiějie　　dìdi　　mèimei　　xiōngdìjiěmèi
　　　哥哥　　姐姐　　弟弟　　妹妹　　兄弟姐妹

＊南方地区では"外公 wàigōng"、"外婆 wàipó"が一般的である。

2　干支 ── 十二生肖 shí'èr shēngxiào

shǔ　niú　hǔ　tù　lóng　shé / xiǎolóng　mǎ　yáng　hóu　jī　gǒu　zhū
鼠　　牛　　虎　兔　龙　　蛇 / 小龙　　马　　羊　　猴　鸡　狗　猪

3　挨拶 ── 打招呼 dǎ zhāohu

中国では、オールマイティのあいさつが「ニーハオ」である。初対面の人でも、常に会う人でも使える。

　　Nǐ hǎo.　　　　你好。（こんにちは。）
　　Zǎoshang hǎo.　早上好。（お早うございます。）

初対面の人やビジネスの場面で次の表現がよく使われる。

　　Chūcì jiànmiàn.　　初次见面。（はじめまして。）
　　Qǐng duō zhǐjiào.　请多指教。（どうぞよろしくお願いします。）
　　Huānyíng.　　　　　欢迎。（ようこそ。）
　　Qǐng jìn.　　　　　请进。（お入りください。）
　　Qǐng zuò.　　　　　请坐。（お掛けください。）
　　Xièxie.　　　　　　谢谢。（有難うございます。）
　　Bié kèqi.　　　　　别客气。（どう致しまして。）
　　Duìbuqǐ.　　　　　 对不起。（申し訳ありません。）
　　Méi guānxi.　　　　没关系。（大丈夫です。）

Zàijiàn. 再见。（さようなら。）
Huítóu jiàn. 回头见。（また会いましょう。）

二 会話してみよう。

1 A：Nǐ hǎo ma? 你好吗？
　B：Xièxie, wǒ hěn hǎo. 谢谢，我很好。

2 A：Zǎoshang hǎo. 早上好。 —— B：Zǎo! 早！

3 A：Qǐng jìn. 请进。 —— B：Xièxie. 谢谢。

4 A：Qǐng zuò. 请坐。
　B：Xièxie. 谢谢
　A：Bié kèqi. 别客气。

5 A：Chūcì jiànmiàn, qǐng duō zhǐjiào. 初次见面，请多指教。
　B：Bié kèqi. Qǐng duō zhǐjiào. 别客气。请多指教。

6 A：Zàijiàn. 再见。 —— B：Huítóu jiàn. 回头见。

三 発音を聞いて、ピンインを書き取り、声調符号をつけなさい。

1 橘子 _____   2 句子 _____   3 读书 _____

4 度数 _____   5 夫妻 _____   6 福气 _____

7 大地 _____   8 大敌 _____   9 加入 _____

10 假如 _____ 11 科举 _____ 12 客居 _____

四 漢詩を朗読してみよう。

獨坐敬亭山　　唐 李白　　Dú zuò Jìng tíng shān　　Táng Lǐ Bái

衆鳥高飛盡、　　Zhòng niǎo gāo fēi jìn,
孤雲獨去閒。　　Gū yún dú qù xián.
相看兩不厭、　　Xiāng kàn liǎng bú yàn,
只有敬亭山。　　Zhǐ yǒu Jìngtíngshān.（敬亭山—安徽省宣城の北にある景勝地）

夜宿山寺　　唐 李白　　Yè sù shān sì　　Táng Lǐ Bái

危樓高百尺、	Wēi lóu gāo bǎi chǐ,
手可摘星辰。	Shǒu kě zhāi xīng chén.
不敢高聲語、	Bù gǎn gāo shēng yǔ,
恐驚天上人。	Kǒng jīng tiān shàng rén.

（＊古典のため、原文の繁体字で表記している。）

●コラム　中国の民族と言語

　中国は多民族国家である。人口の約九割を占めるのは「漢族」ではあるが、中国文化と中国国家を形成してきた長い歴史の中で、漢族は常にその他の「少数民族」と拮抗し、交渉を続け、時には混血も交すことによって、中国文明の活力を保ち続けた。現在では、漢族を含めて全部で五十六の民族が生活している。中国史を振り返ると、統一と分裂、秩序と混乱が繰り返された中で、漢族王朝と異民族政権との対峙がしばしばあった。特に唐代以降の北方では少数民族の国家が競い、興亡を閲してきた。南宋が滅びた後、蒙古族は統一王朝の元を立てたし、最後の王朝である清は、女真族の末裔満州族が樹立したものである。1911年の辛亥革命により「中華民国」が成立した。その当時の政治標語は「五族共和」であった。五族とは漢族、満州族、蒙古族、チベット族、回族を指している。

　日本において「中国語」と呼んでいる言語は、中国国内では"汉语 Hànyǔ"と呼ばれ、漢族の言語という意味である。漢語の歴史は長く、使用地域も広く渉っているので、発音、声調、及び語彙が大きく異なる、いくつもの方言が形成されてきた。北方方言（北京語、東北語など）を始めとして、呉方言（蘇州語、上海語など）、閩方言（福建語、台湾語）客家方言（客家語）、粵方言（広東語）などがある。

　漢語の共通語は"普通话 pǔtōnghuà"という。それは金・元時代（十二世紀～十四世紀）に形成された北方の共通語を基礎に徐々に形づくられてきたもので、一時期は「北京官話」(Mandarin) と呼ばれ、後に「国語」または「普通話」と呼ばれるようになった。1958年に発音表記の"拼音字母 pīnyīn zìmǔ" "声调符号 shēngdiào fúhào"が制定され、1964年までには、簡略化された漢字の"简体字 jiǎntǐzì"が公布された。

汉族　Hànzú	汉语　Hànyǔ	普通话　pǔtōnghuà
满族　Mǎnzú	拼音字母　pīnyīn zìmǔ	声调符号　shēngdiào fúhào
蒙古族　Měnggǔzú	回族　Huízú	简体字　jiǎntǐzì
藏族　Zàngzú	维吾尔族　Wéiwǔ'ěrzú	

第 一 课　　　　我是日本人。

● 基本文型 ●

□ 我　是　日本人。
　 Wǒ　shì　Rìběnrén.

□ 我　不　是　中国人。
　 Wǒ　bú　shì　Zhōngguórén.

□ 我　叫　张　刚。
　 Wǒ　jiào　Zhāng Gāng.

□ 她　是　我　学姐。
　 Tā　shì　wǒ　xuéjiě.

□ 您　也　是　学生　吗?
　 Nín　yě　shì　xuésheng　ma?

● 会話 1 ●

A-29

（鈴木俊介さんは北京に留学中の大学生です。ある日、大学の先輩である井上美玲(みれい)さんを連れて、友人張剛さんのホームパーティーに行きました。二人はそこで張さんの友人王博さんと知り合います。）

铃木 俊介：　　你　好！　小张，　她　是　美玲。
Língmù Jùnjiè:　Nǐ　hǎo!　XiǎoZhāng,　tā　shì　Měilíng.

张　刚：　　　你　好！　你　是　中国人　吗?
Zhāng Gāng:　Nǐ　hǎo!　Nǐ　shì　Zhōngguórén　ma?

井上 美玲：　　　不，　我　不　是　中国人。我　姓　井上，叫
Jǐngshàng Měilíng:　Bù,　wǒ　bú　shì　Zhōngguórén.　Wǒ　xìng Jǐngshàng,　jiào

　　　　　　　　井上　美玲。我　是　日本人。
　　　　　　　　Jǐngshàng Měilíng.　Wǒ　shì　Rìběnrén.

张：　　　　哦，　欢迎，　欢迎！我　叫　张　刚。他　是
Zhāng:　　Ó,　huānyíng,　huānyíng!　Wǒ　jiào Zhāng Gāng.　Tā　shì

　　　　　　我　的　朋友。
　　　　　　wǒ　de　péngyou.

铃木、井上：　你　好！
Língmù、Jǐngshàng:　Nǐ　hǎo!

王　博：　你们　好！
Wáng Bó:　Nǐmen　hǎo!

铃木：　你　叫　什么　名字？
Língmù:　Nǐ　jiào　shénme　míngzi?

王：　我　叫　王　博。
Wáng:　Wǒ　jiào　Wáng　Bó.

（張剛さんは鈴木さんをそばに呼んで小さい声で聞きました。）

张：　铃木，美玲　是　你　女朋友　吗？　她　很
Zhāng:　Língmù, Měilíng　shì　nǐ　nǚpéngyou　ma?　Tā　hěn

漂亮！
piàoliang!

铃木：　不，她　是　我　学姐，她　是　东京　科学
Língmù:　Bù,　tā　shì　wǒ　xuéjiě,　tā　shì　Dōngjīng　kēxué

大学　的　学生。
dàxué　de　xuésheng.

（井上美玲さんは王博さんの職業を聞きました。）

井上：　王　先生，您　也　是　学生　吗？
Jǐngshàng:　Wáng　xiānsheng,　nín　yě　shì　xuésheng　ma?

王：　不　是，我　是　公司　职员。叫　我　小王
Wáng:　Bú　shì,　wǒ　shì　gōngsī　zhíyuán.　Jiào　wǒ　XiǎoWáng

吧。
ba.

井上：　好，小王，初次　见面，请　多　指教！
Jǐngshàng:　Hǎo,　XiǎoWáng,　chūcì　jiànmiàn,　qǐng　duō　zhǐjiào!

王：　别　客气！请　坐！
Wáng:　Bié　kèqi!　qǐng　zuò!

新しい単語

你好 nǐ hǎo 　語句　こんにちは。
小 xiǎo 　接頭辞。年下の人の姓の前につけて親しみを表す。～さん、～君。
张 Zhāng 　固　（中国人の苗字）張。
她 tā 　人・代　彼女。
美玲 Měilíng 　固　（人名）美玲。
你 nǐ 　人・代　あなた。
是 shì 　① 動　判断を示す。～である、です。　② 肯定の返答。はい、そうです。
中国人 Zhōngguórén 　名　中国人。
吗 ma 　文末・助　疑問の語気を表す。～か。
不 bù 　副　① 否定の意味を表す。～でない、～しない。　② 否定の返答。いいえ、違います。
我 wǒ 　人・代　私。
姓 xìng 　動　（姓を）～という。
井上 Jǐngshàng 　固　（日本人の苗字）井上。
叫 jiào 　動　（フルネームを）～という。
日本人 Rìběnrén 　名　日本人。
哦 ó 　感　（半信半疑の気持ちを表す時に発する言葉。）おや、え。
欢迎 huānyíng 　動　歓迎する。挨拶に使う時は「ようこそ」。
张刚 Zhāng Gāng 　固　張剛さん。
他 tā 　人・代　彼。
的 de 　助　所有、所属を示す。～の。
朋友 péngyou 　名　友人。
你们 nǐmen 　人・代　（二人称の複数）あなたたち。
什么 shénme 　疑・代　① 何。② どんな。
名字 míngzi 　名　名前。

王博 Wáng Bó 　固　王博さん。
铃木 Língmù 　固　（日本人の苗字）鈴木。
女朋友 nǚpéngyou 　名　ガールフレンド、彼女。
很 hěn 　副　とても。
漂亮 piàoliang 　形　綺麗。
学姐 xuéjiě 　名　女性の先輩（男性の先輩：学长 xuézhǎng）。
东京 Dōngjīng 　固　東京。
科学 kēxué 　名　科学。
大学 dàxué 　名　大学。
学生 xuésheng 　名　学生。
先生 xiānsheng 　名　① 成人男性に対する敬称。～様。　② 高名な学者や知識人に対する敬称。～先生。
您 nín 　人・代　（二人称の敬称）あなた。
也 yě 　副　～も。
公司 gōngsī 　名　会社。
职员 zhíyuán 　名　職員。
吧 ba 　文末・助　文末につけて相談、提案、勧誘、推量、軽い命令の意を表す。
好 hǎo 　形　応答の言葉として用い、同意・承諾を表す。はい、いいよ。
初次见面 chūcì jiànmiàn 　語句　はじめまして。
请 qǐng 　動　どうぞ（～して下さい）。
多 duō 　形　多い。動詞を修飾する時は、多く、たんと、いろいろ。
指教 zhǐjiào 　動　教え導く、教示する。
别客气 bié kèqi 　語句　ご遠慮なく、どういたしまして。
请坐 qǐng zuò 　語句　どうぞおかけ下さい。

●文法と表現●

ここでは、中国語の語（品詞）およびそれらから成る文の構造を紹介する。中国語の文は【主語＋述語＋目的語】という語の順番で構成されている。これから各部分の解説をする。

1 人称代名詞

代名詞とは、名詞の代わりに、人、事物、場所、方向などを指す語である。人称代名詞・指示代名詞に大別される。よく使う人称代名詞は以下のとおり。

	単数	複数
第一人称	我 wǒ	我们 wǒmen　*咱们 zánmen
第二人称	你 nǐ　*您 nín	你们 nǐmen
第三人称	他　她　*它 tā	他们　她们　它们 tāmen
*不定称	谁 shéi、shuí	

* 第一人称代名詞の複数型においては、話し手と聞き手の双方を含む"咱们 zánmen"があり、通常日常会話でよく使われます。日本語のわれわれや私たちなどを意味する。
* 第二人称の"您 nín"は聞き手に対する尊敬語である。
* 第三人称の"它 tā"は非人称代名詞であり、動物や事物などを指す。
* 代名詞の不定称とは、言い換えれば疑問代名詞であって、その"谁"には（shéi）、（shuí）と二通りの発音がある。shuí は shéi の本来の発音ではあるが、現在話し言葉では shéi がよく使われる。

2 中国語の基本構文

述語

述語は主語について、その動作・作用・性質・状態などを叙述する文の成分である。中国語の述語文は、動詞述語文と形容詞述語文に大別できる。

○動詞述語文

動詞は事物の動作・作用・状態・存在などを表す語である。動詞が述語になっている文のことを「動詞述語文」という。

　我姓井上。　Wǒ xìng Jǐngshàng.
　我叫张刚。　Wǒ jiào Zhāng Gāng.
　*判断動詞"是"は英語の「be動詞」と同じ働きをし、【主語＋是＋名詞】の形で「～

は〜です」を表す。

我是日本人。　　　　Wǒ shì Rìběnrén.
我们是公司职员。　　Wǒmen shì gōngsī zhíyuán.

○形容詞述語文

　形容詞は事物の性質や状態などを表す語である。中国語では、形容詞のみで述語になれる。「be動詞」にあたる"是"を必要としない。形容詞の前に程度を表す副詞がよく使われる。

她很漂亮。　　　　　Tā hěn piàoliang.
他很谦虚。　　　　　Tā hěn qiānxū.
汉语课有意思。　　　Hànyǔ kè yǒuyìsi.
我妈妈很健忘。　　　Wǒ māma hěn jiànwàng.

> ＊谦虚 ── 謙虚である。　　＊有意思 ── 面白い。
> ＊课 ── 授業。　　　　　　＊健忘 ── 忘れっぽい。

3 疑問文

"吗"疑問文

　平叙文の文末に質問・疑問を表す助詞"吗"を用いて、相手に肯定か否定かの答えを求める疑問文である。

你是中国人吗?　　　　　　　Nǐ shì Zhōngguórén ma?
你是东京科学大学的学生吗?　Nǐ shì Dōngjīng kēxué dàxué de xuésheng ma?
汉语课有意思吗?　　　　　　Hànyǔ kè yǒuyìsi ma?

4 副詞 "也"、"不" と "很"

　副詞は程度、否定、範囲、頻度などを表す語である。一般的には動詞、形容詞の前に置き、述語部分を修飾する。

・"也"は、通常主語の直後に位置し、「も」の意味で使われるが、「〜も〜だ／である。」を表す場合は判断動詞"是"を忘れないように。
　我也是中国人。　　Wǒ yě shì Zhōngguórén.

・"不"は動詞または形容詞の前に置き、「〜ではない」、「〜しない」の意味を表す。
　我不是中国人。　　Wǒ bú shì Zhōngguórén.
　我不姓井上。　　　Wǒ bú xìng Jǐngshàng.

她不健忘。　　Tā bú jiànwàng.

・"很"は形容詞の前に用い、程度の高いことを表す。
我学姐很漂亮。　Wǒ xuéjiě hěn piàoliang.

5 連体修飾の助詞 "的"

【～的＋名詞】の形で、名詞を修飾し、所有、あるいは所属関係を表す。

老师的笔记本　　lǎoshī de bǐjìběn
学生的书包　　　xuésheng de shūbāo
图书馆的杂志　　túshūguǎn de zázhì

> ＊老师 ── 先生。　　　　＊图书馆 ── 図書館。
> ＊笔记本 ── ノート。　　＊杂志 ── 雑誌。
> ＊书包 ── 学生用カバン。

人称代名詞＋"的"で後の名詞を修飾する場合、その名詞は「親族・人間関係」あるいは「所属団体」の範疇の言葉であれば、"的"を省くことができる。

我的姐姐　　wǒ de jiějie　→　我姐姐
他的同学　　tā de tóngxué　→　他同学
我们的公司　wǒmen de gōngsī　→　我们公司
你们的大学　nǐmen de dàxué　→　你们大学

> ＊姐姐 ── 姉、お姉さん。　　＊同学 ── 同級生。

なお会話の文脈で触れている名詞を省略することもできる。
A：这是你的笔记本吗？　Zhè shì nǐ de bǐjìběn ma?
B：是，这是我的。　　　Shì, zhè shì wǒ de.

6 中国人の呼び方

中国人同士の間でも日本の敬称「さん、さま」に似たもので呼び合う。敬称は、苗字の後に "～先生 xiānsheng（成人男性）、～小姐 xiǎojiě（若い女性）、～女士 nǚshì（成人女性）、～太太 tàitai（既婚の女性）、～同学 tóngxué（学生を呼ぶ時に、～さん）" をつけているのに対して、友だち、同僚の間では苗字の前に "小 xiǎo～，大 dà～，老 lǎo～" をつける。親しい間柄の友達同士は "王博

Wáng Bó""美玲 Měilíng"のように、フルネームの呼び捨て、または下の名前で呼び合うことが多い。

7 名前の言い方

名前を尋ねる方法は、通常"您贵姓""你叫什么名字"の二種類がある。前者は家の名、つまり姓を尋ねるもので、姓のみ答えればよい。後者の問いに対しては、フルネームで答えるのが普通である。

A：您贵姓？　　　　　Nín guìxìng?
B：我姓张。　　　　　Wǒ xìng Zhāng.
A：你叫什么名字？　　Nǐ jiào shénme míngzi?
B：我叫井上美玲。　　Wǒ jiào Jǐngshàng Měilíng.

● 置き換えて言おう ●

［一］（国籍）你是中国人吗？

　　　美国人（Měiguórén　アメリカ人）
　　　韩国人（Hánguórén　韓国人）
　　　越南人（Yuènánrén　ベトナム人）
　　　马来西亚人（Mǎláixīyàrén　マレーシア人）
　　　印度人（Yìndùrén　インド人）
　　　埃及人（Āijírén　エジプト人）
　　　法国人（Fǎguórén　フランス人）
　　　意大利人（Yìdàlìrén　イタリア人）
　　　巴西人（Bāxīrén　ブラジル人）
　　　加拿大人（Jiānádàrén　カナダ人）

［二］（職業）您也是学生吗？

　　　护士（hùshi　看護師）
　　　司机（sījī　運転手）
　　　会计（kuàijì　会計士）
　　　医生（yīshēng　医者）
　　　厨师（chúshī　料理人）

教师（jiàoshī　教師）
程序员（chéngxùyuán　プログラマー）
工程师（gōngchéngshī　エンジニア）
作家（zuòjiā　作家）

● ドリル ●

一　発音を聞き（　）内に語句を書き入れ、さらに文をピンインに書き直し、意味を日本語に訳しなさい。
1　你是（　　　　　）人吗?
2　我（　　　　　）王博。
3　她不是我（　　　　　）。
4　您（　　　　　）井上吗?
5　你女朋友（　　　　　）漂亮。

二　次のピンインの文を簡体字に直し、その意味を日本語に訳しなさい。
1　Wǒ shì Dōngjīng gōngyè dàxué de xuésheng.
2　Wǒ bú jiào Zhāng Gāng.
3　Chūcì jiànmiàn, qǐng duō zhǐjiào.
4　Nǐ jiào shénme míngzi?
5　Tāmen yě shì Rìběnrén ma?

三　次の文を中国語に訳しなさい。
1　ようこそ。
2　彼女は私の先輩でもあり、友達でもあります。
3　あなたも東京科学大学の学生ですか。
4　私のガールフレンドは会社員ではありません。
5　遠慮せず、お掛けください。

第二课　　我的专业是建筑设计。

●基本文型●

□ 这 是 什么？
　 Zhè shì shénme?

□ 这个 是 不 是 青岛 啤酒？
　 Zhèige shì bu shi Qīngdǎo Píjiǔ?

□ 我 喝 葡萄酒。
　 Wǒ hē pútaojiǔ.

□ 我 的 专业 是 建筑 设计。
　 Wǒ de zhuānyè shì jiànzhù shèjì.

●会話2●

A-40

（四人は飲み物を選び、それぞれの専門分野について話はじめました。）

铃木： 这 是 什么？
Língmù: Zhè shì shénme?

张： 啤酒。
Zhāng: Píjiǔ.

铃木： 我 喜欢 啤酒。
Língmù: Wǒ xǐhuan píjiǔ.

张： 这些 都 是 啤酒，你 喝 哪个？
Zhāng: Zhèxiē dōu shì píjiǔ, nǐ hē něige?

铃木： 这个 是 不 是 青岛 啤酒？
Língmù: Zhèige shì bu shi Qīngdǎo Píjiǔ?

张： 不 是，那个 是 北京 的 啤酒，也 很
Zhāng: Bú shì, nèige shì Běijīng de píjiǔ, yě hěn

　　　 好喝。
　　　 hǎohē.

铃木: Língmù:	那, 我 喝 这个。 Nà, wǒ hē zhèige.	
张: Zhāng:	谁 喝 红 葡萄酒? Shéi hē hóng pútaojiǔ?	
王、井上: Wáng, Jǐngshàng:	我 喝 红 葡萄酒。 Wǒ hē hóng pútaojiǔ.	
井上: Jǐngshàng:	那 是 什么? Nà shì shénme?	
张: Zhāng:	那 是 我 的 设计图, 我 的 专业 是 建筑 设计。 Nà shì wǒ de shèjìtú, wǒ de zhuānyè shì jiànzhù shèjì.	
井上: Jǐngshàng:	真 巧! 我 的 专业 也 是 建筑 设计。 Zhēn qiǎo! Wǒ de zhuānyè yě shì jiànzhù shèjì.	
王: Wáng:	铃木, 你 学习 什么 专业? Língmù, nǐ xuéxí shénme zhuānyè?	
铃木: Língmù:	我 学习 信息处理 专业。 Wǒ xuéxí xìnxīchǔlǐ zhuānyè.	

新しい単語

这 zhè 指・代 （単数、近称）これ。
啤酒 píjiǔ 名 ビール。
喜欢 xǐhuan 動 好む、好きである。
这些 zhèxiē / zhèixiē 指・代 （複数）これら。
都 dōu 副 皆、すべて。
喝 hē 動 飲む。
哪个 nǎge / něige 疑・代 （単数）どれ、どの。
这个 zhège / zhèige 指・代 ① これ。② この。
青岛啤酒 Qīngdǎo Píjiǔ 固 青島ビール。
那个 nàge / nèige 指・代 （単数、遠称） ① それ。② その。
北京 Běijīng 固 ペキン。

好喝 hǎohē 形 ① （飲み物）美味しい。② 飲みやすい。
那（么）nà(me) 接 それでは。
红 hóng 形 赤い。
葡萄酒 pútaojiǔ 名 ワイン。
那 nà 指・代 （単数、遠称）それ。
设计图 shèjìtú 名 設計図。
专业 zhuānyè 名 専門、専攻。
建筑 jiànzhù 名 建築物、建築学。
建筑设计 jiànzhù shèjì 複・名 建築デザイン。
真巧 zhēn qiǎo 語句 偶然だね。
学习 xuéxí 動 学ぶ、学習する。
信息处理 xìnxīchǔlǐ 複・名 データ処理。

●文法と表現●

1 指示代名詞（一）物・人を指示する

	近称（これ）	遠称（それ・あれ）	不定称（どれ）
単数	这 zhè 这个 zhège zhèige	那 nà 那个 nàge nèige	哪 nǎ 哪个 nǎge něige
複数	这些 zhèxiē zhèixiē	那些 nàxiē nèixiē	哪些 nǎxiē něixiē

　物・人を指示する指示代名詞の単数には、二種類の表現がある。主語になる場合、どちらでもよいが、目的語になれるのは"这个""那个""哪个"のみである。また"这""那""哪"は量詞と結合する際、这 zhèi、那 nèi、哪 něi と発音されることが多い。

　这是我的学长。　　　　　Zhè shì wǒ de xuézhǎng.
　这个是青岛啤酒吗？　　　Zhège/Zhèige shì Qīngdǎo Píjiǔ ma?
　我喝这个。　　　　　　　Wǒ hē zhège/zhèige.
　那些不是中国的红葡萄酒。Nàxiē/Nèixiē bú shì Zhōngguó de hóng pútaojiǔ.

法国的白葡萄酒是哪些?　　Fǎguó de bái pútaojiǔ shì nǎxiē/něixiē?

> *～个 —— （量詞）個。　　　　　*白 —— 白い。
> *～些 —— （量詞）〜ら、いくらか。

2 動詞述語文

中国語の動詞述語構造は平叙文が【主語＋動詞＋目的語】の形である。否定文は動詞の前に否定を表す副詞 "不" を使う。疑問を示す助詞 "吗" を平叙文の文末に置くと "吗" 疑問文を完成させる。

我喜欢国画。　　　　　Wǒ xǐhuan guóhuà.
她学长喝白葡萄酒。　　Tā xuézhǎng hē bái pútaojiǔ.
我同学学习中文。　　　Wǒ tóngxué xuéxí Zhōngwén.

> *国画 —— 中国画。　　　　　　*中文 —— 中国語。

我不喜欢国画。　　　　　Wǒ bù xǐhuan guóhuà.
她学长不喝红葡萄酒。　　Tā xuézhǎng bù hē hóng pútaojiǔ.
我姐姐不学习中文。　　　Wǒ jiějie bù xuéxí Zhōngwén.

你喜欢国画吗?　　　　Nǐ xǐhuan guóhuà ma?
他喝白葡萄酒吗?　　　Tā hē bái pútaojiǔ ma?
他同学学习中文吗?　　Tā tóngxué xuéxí Zhōngwén ma?

3 反復型疑問文

述語の肯定形と否定形を重ねて並べると、反復型疑問文になる【主語＋述語の肯定形と否定形（＋目的語）】。文末には助詞 "吗" をつけない。目的語を肯定形と否定形の間に入れる言い方もある。通常、否定形は軽声で発音する。

你喜欢不喜欢国画?　　　　　　　Nǐ xǐhuan bu xihuan guóhuà?
他们是不是你们大学的留学生?　　Tāmen shì bu shi nǐmen dàxué de liúxuéshēng?
你们满意不满意?　　　　　　　　Nǐmen mǎnyì bu manyi?
你们喝茶不喝?　　　　　　　　　Nǐmen hē chá bu he?

> *留学生 —— 留学生。　　　　　*茶 —— お茶。
> *满意 —— 満足している、気に入る。

4 疑問詞疑問文

疑問代名詞を用いる疑問文は、その文末には、疑問の語気を表す助詞"吗"をつける必要がない。

这是什么？	Zhè shì shénme?
那是谁？	Nà shì shéi?
她学习什么？	Tā xuéxí shénme?
你是哪国人？	Nǐ shì nǎguórén?

＊哪国人 ── どこの国の人、出身。

疑問文に対する答えは、文中の語順をそのまま維持し、答えを疑問詞と入れ替えるといい。

你爸爸喜欢什么？	Nǐ bàba xǐhuan shénme?
── 我爸爸喜欢国画。	Wǒ bàba xǐhuan guóhuà.
你叫什么名字？	Nǐ jiào shénme míngzi?
── 我叫张刚。	Wǒ jiào Zhāng Gāng.
她是谁？	Tā shì shéi?
── 她是我的学妹。	Tā shì wǒ de xuémèi.

＊学妹 ── 女性の後輩。男性の後輩は"学弟 xuédì"。

●置き換えて言おう●

[一] 我喜欢汉语课。

数学（shùxué　数学）
化学（huàxué　化学）
物理（wùlǐ　物理）
生物（shēngwù　生物）
文学（wénxué　文学）
历史（lìshǐ　歴史）
哲学（zhéxué　哲学）
外语（wàiyǔ　外国語）
艺术（yìshù　芸術）

[二] 那是不是你的**笔记本**？

铅笔（qiānbǐ　鉛筆）
钢笔（gāngbǐ　万年筆）
圆珠笔（yuánzhūbǐ　ボールペン）
橡皮（xiàngpí　消しゴム）
尺子（chǐzi　ものさし）
电子词典（diànzǐcídiǎn　電子辞書）
笔记本电脑（bǐjìběn diànnǎo　ノートパソコン）
钥匙（yàoshi　鍵）
台灯（táidēng　電気スタンド）

● ドリル ●

一　発音を聞き（　）内に語句を書き入れ、さらに文をピンインに書き直し、意味を日本語に訳しなさい。

1　我（　　　　　　）啤酒。
2　（　　　　　　　）都是我的同学。
3　你（　　　　）不（　　　　　　）白葡萄酒?
4　他的（　　　　　　）是什么?
5　这是你的（　　　　　　）不是?

二　次のピンインの文を簡体字に直し、その意味を日本語に訳しなさい。

1　Jǐngshàng Měilíng de bàba xǐhuan guóhuà.
2　Zhège shì bu shi Qīngdǎo Píjiǔ?
3　Tā hē chá bu he?
4　Wǒ de zhuānyè bú shì xìnxīchǔlǐ.
5　Tā xuéxí jiànzhù shèjì.

三　次の文を中国語に訳しなさい。

1　これらは全部フランスの赤ワインですか。
2　これは図書館の雑誌ではありません。
3　あなたの専門は何ですか。
4　中国画がお好きですか。
5　彼はあなたの後輩ですか。

ユニット練習 1（発音編〜第二課）

一　次の文章を日本語に訳し、朗読してみよう。

🎧 A-48

　　大家好！ 我姓铃木，叫铃木俊介。我是日本人，是东京科学大学三年级的学生。我的专业是信息处理。我喜欢中国，我也喜欢中国的啤酒。初次见面，请多指教！

　　Dàjiā hǎo! Wǒ xìng Língmù, jiào Língmù Jùnjiè. Wǒ shì Rìběnrén, shì Dōngjīng kēxué dàxué sān niánjí de xuésheng. Wǒ de zhuānyè shì xìnxīchǔlǐ. Wǒ xǐhuan Zhōngguó, wǒ yě xǐhuan Zhōngguó de píjiǔ. Chūcì jiànmiàn, qǐng duō zhǐjiào!

*大家 —— みんな、みなさん。	*年级 —— 学年。
*三 —— 三。	

二　下に挙げた中から単語を選んで、絵の内容を中国語で説明してみよう。

唐东（Táng Dōng）／小红（XiǎoHóng）／哥哥／爸爸／铃木／北京大学／学生／
留学生（liúxuéshēng　留学生）／同学／朋友／女朋友／学姐／学妹／学长／学弟／
去（qù　行く）／家（jiā）／专业／信息处理／厨师／程序员／公司职员／护士／
漂亮／高兴（gāoxìng　うれしい、楽しい）／喜欢

● コラム　**北京の名勝古跡**

天壇（てんだん）

　明・清歴代の皇帝が、天に五穀豊穣（ごこくほうじょう）を祈った廟壇（びょうだん）。1420年に明の永楽帝（えいらくてい）が建てたもので、敷地面積は北京故宮の約四倍の273万平方メートルにも及び、現在は公園となっている。その中心となる祈年殿（きねんでん）は、毎年正月に皇帝が足を運び、豊作を祈った場所、現存する中国最大の祭壇である。三段の大理石の壇上に建ち、空を表す青色の瑠璃瓦を葺いた円形の三層屋根はとても印象的で、凛として美しい。梁や釘を一切使わず、中国の建築史上重要な建造物とされる。

　祈年殿に向き合う南にある圜丘（えんきゅう）は、石造りの三層の壇で、建造物はない。ここは皇帝が直接祈る場所で、真の天壇ともいえる。明・清代には毎年冬至の日に、斎戒沐浴（さいかいもくよく）し身を清めた皇帝がこの圜丘でその年に起きた重要な出来事を天帝に報告する。最上壇の中心点の上で小さな声でしゃべると、自分の声が反響してはっきりと聞こえる。古代中国において九は皇帝の至高を意味する数字なので、各層の欄干、階段の数はすべて九の倍数になっている。

北海公園

　故宮の西北にあるかつての御苑。その歴史は古く、10世紀に契丹族が建てた遼代にさかのぼる。面積の68ヘクタールの半分以上を池が占め、残りは北海とその湖畔地区、北海の南に浮かぶ瓊華島（けいかとう）、それに南端の団城の三つに分かれている。

　瓊華島とは白塔山と呼ばれる小高い丘を中心とした小さな島で、13世紀、女真族の金が、陥落した北宋の都汴京（べんけい）（開封）から運んだ太湖石の巨石を使って造られた。後に元の世祖フビライは、ここ瓊華島を中心に大都を設計したといわれる。

　中国古代神話の仙境をイメージして造られた御苑というだけあって、池と丘、その中に点在する建築群は絵のように美しい。今では心を和ませる、市民の憩いの場であり、また中国内外の観光客を集める行楽地となっている。

天坛　Tiāntán　　　　　　　　圜丘　Yúanqiū

五谷丰登　wǔgǔ fēngdēng　　　北海公园　Běihǎi gōngyuán

永乐帝　Yǒnglèdì　　　　　　　琼华岛　Qiónghuádǎo

祈年殿　Qíniándiàn　　　　　　白塔山　Báitǎshān

［参考文献］『地球の歩き方　北京・天津』（ダイヤモンド社）

ユニット2

自分の生活について話そう！

第 三 课　　　　我家在东京。

● 基本文型 ●

□ 你　家　在　哪儿？
　　Nǐ　jiā　zài　nǎr?

□ 我　家　在　东京。
　　Wǒ　jiā　zài　Dōngjīng.

□ 东京　有　很　多　公园。
　　Dōngjīng yǒu　hěn　duō　gōngyuán.

□ 你　有　汉语　词典　吗？
　　Nǐ　yǒu　Hànyǔ　cídiǎn　ma?

□ 汉语　词典　在　书架　上。
　　Hànyǔ　cídiǎn　zài　shūjià　shang.

● 会話3 ●

A-49

（鈴木さんは王さんの専門分野の意味を、辞書で調べました。）

王：　　　　　　美玲，你　家　在　哪儿？
Wáng:　　　　Měilíng, nǐ　jiā　zài　nǎr?

井上美玲：　　　我　家　在　东京。
Jǐngshàng Měilíng: Wǒ　jiā　zài　Dōngjīng.

王：　　　　　　东京　有　很　多　公园，是　吗？
Wáng:　　　　Dōngjīng yǒu　hěn　duō　gōngyuán, shì　ma?

井上：　　　　　是。你　喜欢　公园　吗？
Jǐngshàng:　　Shì. Nǐ　xǐhuan　gōngyuán ma?

王：　　　　　　喜欢，我　的　专业　是　城市　规划。
Wáng:　　　　Xǐhuan, wǒ　de　zhuānyè　shì　chéngshì　guīhuà.

铃木：　　　　　"城市　规划"　是　什么？小张，你　有　汉语
Língmù:　　　"Chéngshì guīhuà"　shì　shénme? XiǎoZhāng, nǐ　yǒu　Hànyǔ

	词典 吗？
	cídiǎn ma?
张：	有，汉语 词典 在 书架 上，你 自己 拿。
Zhāng:	Yǒu, Hànyǔ cídiǎn zài shūjià shang, nǐ zìjǐ ná.
铃木：	书架 上 没 有 汉语 词典。
Língmù:	Shūjià shang méi yǒu Hànyǔ cídiǎn.
张：	哦，对不起，汉语 词典 不 在 书架 上，
Zhāng:	Ò, duìbuqǐ, Hànyǔ cídiǎn bú zài shūjià shang,
	在 书桌 上。
	zài shūzhuō shang.
铃木：	哦，小王，你 的 专业 很 有意思。
Língmù:	Ò, XiǎoWáng, nǐ de zhuānyè hěn yǒuyìsi.

第三课 39

新しい単語

- 家 jiā　名　家、家庭。
- 在 zài　動　ある、いる。
- 哪儿 nǎr　疑・代　どこ、どちら。
- 多 duō　形　多い。
- 公园 gōngyuán　名　公園。
- 是吗 shì ma　語句　そうですか。
- 城市规划 chéngshì guīhuà　複・名　都市設計、企画。
- 有 yǒu　動　ある、いる、持つ。否定形は"没有"。
- 汉语 Hànyǔ　名　中国語。
- 词典 cídiǎn　名　辞書。
- 书架 shūjià　名　本棚。
- 上 shang　方　接尾辞として方位を示す。～の上。多くは軽声。
- 自己 zìjǐ　人・代　自分（で）、自身（で）。
- 拿 ná　動　取る、持つ、つかむ。
- 没 méi　副　否定の副詞。～を持たない、～がない。
- 哦 ò　感　思い当たった時に発する言葉。ははん、ああ。
- 对不起 duìbuqǐ　語句　すみません。
- 书桌 shūzhuō　名　文机、つくえ、デスク。
- 有意思 yǒuyìsi　形　面白い。

●文法と表現●

1　指示代名詞　（二）場所を指示する

近称（ここ）	遠称（そこ・あそこ）	不定称（どこ）
这儿 zhèr	那儿 nàr	哪儿 nǎr
这里 zhèli	那里 nàli	哪里 nǎli

場所を指示する場合、二種類の言い方があるが、"～儿"のほうがより口語的である。

2　所在を表す"在"

特定の人、物について、どこにあるのか、その所在を示す。

　　铃木在图书馆。　　　Língmù zài túshūguǎn.
　　我家在北京。　　　　Wǒ jiā zài Běijīng.
　　汉语词典不在书架上。　Hànyǔ cídiǎn bú zài shūjià shang.

3　存在、所有を表す"有"

①ある場所に人、物が存在することを表す。

　　教室里有学生。　　　Jiàoshì li yǒu xuésheng.
　　桌子上有一本书。　　Zhuōzi shang yǒu yì běn shū.
　　书架上没有杂志。　　Shūjià shang méi yǒu zázhì.

```
＊教室 ── 教室。          ＊一本 ── 一冊。
＊里 ── なか、奥。         ＊书 ── 書物、本。
＊桌子 ── つくえ。
```

②～をもっていること、所有していることを示す。

我有一本英语词典。　　Wǒ yǒu yì běn Yīngyǔ cídiǎn.
你有没有笔记本电脑?　　Nǐ yǒu mei you bǐjìběn diànnǎo?
我没有自行车。　　　　Wǒ méi yǒu zìxíngchē.

```
＊英语 ── 英語。          ＊自行车 ── 自転車。
```

4 "在"と"有"との違い

人、物の所在・存在を表すのに、"在"構文と"有"構文の二種類の表現がある。

まず語順として、"在"構文では、人・物を動詞"在"の前に置くのに対して、"有"構文では、人・物が"有"の後にくる。なお"在"構文の人・物は特定のものであるが、"有"構文の人・物は特定しないものである。

A：汉语词典在哪儿?　　　Hànyǔ cídiǎn zài nǎr?
B：汉语词典在书桌上。　　Hànyǔ cídiǎn zài shūzhuō shang.
A：书桌上有什么?　　　　Shūzhuō shang yǒu shénme?
B：书桌上有一本汉语词典。Shūzhuō shang yǒu yì běn Hànyǔ cídiǎn.

5 形容詞が名詞を修飾する

形容詞が名詞を修飾する場合、単音節の形容詞はそのまま名詞の前に置くことができる。

热咖啡　rè kāfēi（温かいコーヒー）
新书　xīn shū（新しい本）
老朋友　lǎo péngyou（古い友人）

二音節以上の形容詞、または「程度副詞＋形容詞」の形で名詞を修飾する場合、名詞との間に"的"を入れる必要がある。ただし、形容詞と名詞との結合が緊密で、熟語と見なされる場合は"的"は要らない。

严格的老师　yángé de lǎoshī（きびしい先生）
温柔的护士　wēnróu de hùshi（やさしい看護師）

老实人　lǎoshirén（まじめな人）

聪明人　cōngmíngrén（賢い人）

麻烦事　máfanshì（めんどうなこと）

ただ"多""少 shǎo（少ない）"は他の形容詞と異なり、名詞を修飾する時には、前に副詞"很""不"を加え、"的"を必要としない。

东京有很多公园。　　Dōngjīng yǒu hěn duō gōngyuán.

书店里有不少词典。　Shūdiàn lǐ yǒu bù shǎo cídiǎn.

> ＊书店 —— 本屋、書店。

6 否定の副詞 "没" と "不"

動詞"有"の否定形は"没有"、動詞"是"の否定形は"不是"。それ以外の動詞に関しては、"不"は現在、あるいは意志の否定に用いるが、"没"は過去の否定に用いる。

我今天不去大学。　Wǒ jīntiān bú qù dàxué.

我昨天没去大学。　Wǒ zuótiān méi qù dàxué.

> ＊今天 —— きょう。　　＊昨天 —— きのう。
> ＊去 —— 行く。

7 方位詞

方位詞とは方向や位置を表す語で、普通は名詞の一類とする。よく使われる方位詞は以下のとおり。

| 上 shàng | 前 qián | 左 zuǒ | 东 dōng | 南 nán | 里 lǐ |
| 下 xià | 后 hòu | 右 yòu | 西 xī | 北 běi | 外 wài |

中 zhōng　　間 jiān　　内 nèi　　旁 páng

方位詞はしばしば接尾辞"～边 biān（～のあたり）"、"～面 miàn（～側）"と併用する。ただし、"中，内，間"との併用は不可。

我家旁边有一个公园。　Wǒ jiā pángbiān yǒu yí ge gōngyuán.

图书馆在教室的南面。　Túshūguǎn zài jiàoshì de nánmiàn.

> ＊一个 —— ひとつ。

● 置き換えて言おう ●

[一] 东京有很多<u>公园</u>。

美术馆（měishùguǎn　美術館）
邮局（yóujú　郵便局）
医院（yīyuàn　病院）
体育馆（tǐyùguǎn　体育館）
剧场（jùchǎng　劇場）
酒店（jiǔdiàn　ホテル）
电影院（diànyǐngyuàn　映画館）

[二] 你有没有<u>汉语词典</u>?

智能手机（zhìnéng shǒujī　スマートフォン）
平板电脑（píngbǎn diànnǎo　タブレットPC）
自行车（zìxíngchē　自転車）
充电器（chōng diànqì　充電器）
电视（diànshì　テレビ）
洗衣机（xǐyījī　洗濯機）
冰箱（bīngxiāng　冷蔵庫）

● ドリル ●

一　発音を聞き（　）内に語句を書き入れ、文の意味を日本語に訳しなさい。
　1　你家（　　　　　　）哪儿?
　2　汉语词典在（　　　　　　）上。
　3　教室里有（　　　　　　）学生?
　4　你有（　　　　　　）吗?
　5　东京有很多（　　　　　　）。

二　次の単語のピンインを書いて音読し、その意味を日本語に訳しなさい。
　1　医院
　2　城市规划

3 邮局

4 自己

5 有意思

三 次のピンインの文を簡体字に直し、その意味を日本語に訳しなさい。

1 Wǒ jīntiān bú qù dàxué.

2 Shūzhuō shang yǒu shénme?

3 Túshūguǎn zài jiàoshì de nánmian.

4 Wǒ de zhuānyè shì chéngshì guīhuà.

5 Wǒ méi yǒu zìxíngchē.

四 下記の語句を日本語の意味になるように、正しい順番に並べ替えなさい。

1 词典 / 不 / 上 / 在 / 英语 / 书架 （英語の辞書は本棚の上にありません。）

2 有意思 / 你 / 很 / 专业 / 的 （あなたの専門分野はとても面白い。）

3 也 / 多 / 北京 / 剧场 / 有 / 很 （北京にも沢山の劇場があります。）

4 家 / 一个 / 我 / 旁边 / 公园 / 有 （我が家のそばには一つの公園がある。）

5 在 / 铃木 / 图书馆 / 不 / 在？ （鈴木さんは図書館にいますか。）

五 次の文を中国語に訳しなさい。

1 彼女のお母さんは中国語が好きです。

2 私は昨日郵便局に行きませんでした。

3 冷蔵庫には何がありますか。

4 あなたはスマートフォンを持っていますか。

5 私の家にはテレビがありません。

●コラム 中国の世界遺産

万里の長城

1987年登録。全長6000キロ以上、中国の七つもの省、市、自治区にまたがり横たわる世界最大の建築遺跡。紀元前の春秋・戦国時代から中国各地に分立していた国々が、北方の騎馬民族や他国の侵入を防ぐために作った防壁を、秦の始皇帝が連結させ、増築したものである。

14世紀に蒙古族の元をゴビ砂漠以北へ追い払った明は、蒙古族の再侵入をおそれ、長城の拡張強化に努めた。八達嶺など現存している北京周辺の長城の多くは明代に築かれたも

ので、近年修復されている。果てしなく続くその壮大な姿は、まさに中国を代表する史跡にふさわしい。

秦の始皇陵と兵馬俑(へいばよう)

1987年登録。陝西省西安市郊外にある秦の始皇帝の陵墓(りょうぼ)とその東に位置する兵馬俑から成る。兵馬俑は1974年、井戸を掘っていた農民が偶然発見した。三つの俑坑(ようこう)から出土した等身大の兵馬俑は約8000体、一つとして同じ顔はなく、その表情も生き生きとして真に迫っている。馬、戦車も配置され、始皇帝がいかに強大な権力を有したかを物語っている。

莫高窟(モオガオクウ)

1987年登録。甘粛省敦煌(とんこう)にある。長さ1600メートルにも及ぶ断崖に造られた600以上もの洞窟から成る世界屈指の仏教石窟寺院群。暗い窟内で明かりをともすと、壁一面に描かれた色鮮やかな仏画が浮かび上がる。4世紀から千年にもわたり建造が続けられ、時代により異なる建築様式が見られる。

麗江旧市街(れいこう)

1997年登録。雲南省麗江市にある。麗江古城は唐代にこの地に移り住み独自の文化を育んだ少数民族・ナシ族により築かれた。石畳の道と水路が縦横に走り、明・清代の街並みが残る美しい古都で、特に瓦屋根の民家が遙か遠くまで連なる高台からの眺めは壮観で、背後には神々しい玉龍雪山(こうごう)がたたずむ。

曲阜(きょくふ)の孔廟、孔林、孔府

1994年登録。山東省曲阜市にある。東アジア諸国で、今なお強い影響力を持ち続ける儒教。その始祖である孔子が春秋時代に生まれ、生涯を終えたのが曲阜である。孔子を祭る孔廟と子孫が住んだ屋敷の孔府は、歴代皇帝の庇護を受け、壮大な建築群となっている。一族の墓所である孔林とともに世界遺産となっている。

九寨溝(きゅうさいこう)の渓谷景観

1992年登録。四川省九寨県にある。太古の地殻変動と氷河活動により形成された渓谷。水と山が独特の景観を作り出しており、百以上の湖沼がエメラルドの首飾りのようにきらめきつつ連なる。光の加減で色を変える湖は人々を夢幻の境に誘う。中国屈指の観光地として訪れる人が絶えない。

万里长城	Wànlǐ chángchéng	八达岭	Bādálǐng
秦始皇陵	Qínshǐhuáng líng	兵马俑	Bīngmǎyǒng
莫高窟	Mògāokù	敦煌	Dūnhuáng
曲阜	Qǔfù	孔庙	Kǒngmiào
孔府	Kǒngfǔ	九寨沟	Jiǔzhàigōu
丽江	Lìjiāng	玉龙雪山	Yùlóng xuěshān

［参考文献］『中国世界遺産35』（時事通信社）

第 四 课　　　　大学生活非常充实。

● 基本文型 ●

☐ 昨晚 我 熬夜 了。
　 Zuówǎn wǒ áoyè le.

☐ 最近 有点儿 忙。
　 Zuìjìn yǒudiǎnr máng.

☐ 我 在 补习班 教 英语。
　 Wǒ zài bǔxíbān jiāo Yīngyǔ.

☐ 二胡 比 小提琴 难。
　 Èrhú bǐ xiǎotíqín nán.

● 会話 4 ●

A-60

（張さんは井上美玲さんに自分の大学生活について話をしています。）

井上： 小张， 你 好像 很 困。
Jǐngshàng: XiǎoZhāng, nǐ hǎoxiàng hěn kùn.

张： 对， 昨晚 我 熬夜 了。 最近 有点儿 忙。
Zhāng: Duì, zuówǎn wǒ áoyè le. Zuìjìn yǒudiǎnr máng.

井上： 你 这 学期 课 多 吗？
Jǐngshàng: Nǐ zhè xuéqī kè duō ma?

张： 课 多， 作业 也 多。 所以 我 经常 不 吃
Zhāng: Kè duō, zuòyè yě duō. Suǒyǐ wǒ jīngcháng bù chī

　　　 早饭。
　　　 zǎofàn.

井上： 真 可惜！ 北京 的 早饭 那么 好吃……
Jǐngshàng: Zhēn kěxī! Běijīng de zǎofàn nàme hǎochī……

张： 对了， 我 还 在 外边 做 兼职。
Zhāng: Duìle, wǒ hái zài wàibiān zuò jiānzhí.

井上：	你 做 什么 工作？	
Jǐngshàng:	Nǐ zuò shénme gōngzuò?	
张：	我 在 补习班 教 英语。	
Zhāng:	Wǒ zài bǔxíbān jiāo Yīngyǔ.	
井上：	那 你 参加 社团 活动 吗？	
Jǐngshàng:	Nà nǐ cānjiā shètuán huódòng ma?	
张：	参加，我 是 大学 民乐团 的 成员。	
Zhāng:	Cānjiā, wǒ shì dàxué mínyuètuán de chéngyuán.	
井上：	了不起，你 在 民乐团 里 演奏 什么 乐器？	
Jǐngshàng:	Liǎobuqǐ, nǐ zài mínyuètuán lǐ yǎnzòu shénme yuèqì?
张：	我 演奏 二胡。
Zhāng:	Wǒ yǎnzòu èrhú.
井上：	真 酷！二胡 很 难 吧？
Jǐngshàng:	Zhēn kù! Èrhú hěn nán ba?
张：	对，二胡 比 小提琴 难。
Zhāng:	Duì, èrhú bǐ xiǎotíqín nán.
井上：	你 的 大学 生活 非常 充实。
Jǐngshàng:	Nǐ de dàxué shēnghuó fēicháng chōngshí.

新しい単語

好像 hǎoxiàng 副 どうやら……のようだ、どうも……みたいだ。
困 kùn 形 眠い。
对 duì 形 正しい、その通りだ。（応答に用い、相手の意向に同調して）そうです。
昨晚 zuówǎn 名 昨晚。
熬夜 áoyè 動 夜更かしする、徹夜する。
了 le 動態・助 …しました。
最近 zuìjìn 名 最近、近頃。
有点儿 yǒudiǎnr 副 少し、少々。望ましくないことについていうことが多い。
忙 máng 形 忙しい。
学期 xuéqī 名 学期。
课 kè 名 授業。
作业 zuòyè 名 宿題。
所以 suǒyǐ 接 それ故、したがって。
经常 jīngcháng 副 いつも、頻繁に。
早饭 zǎofàn 名 朝ご飯。
真 zhēn 副 本当に、真に。
可惜 kěxī 形 惜しい、残念だ。
那么 nàme 指・代 そんなに、あんなに。
好吃 hǎochī 形 美味しい。
对了 duìle 語句 （何かを思い出した時、または話題を変えたい時に）そうだ。そういえば。
还 hái 副 また、その上、さらに。まだ、やはり。
在 zài 前 ……で、……に。

外边 wàibian 名 外。
做 zuò 動 やる、する。
兼职 jiānzhí 名 アルバイト。
工作 gōngzuò ① 名 仕事。② 動 仕事をする、務める。
补习班 bǔxíbān 名 予備校、塾。
教 jiāo 動 教える。
英语 Yīngyǔ 名 英語。
那 nà 接 そうすると、それでは。
参加 cānjiā 動 参加する、加わる。
社团 shètuán 名 クラブ。
活动 huódòng 名 活動。
民乐团 mínyuètuán 名 民族音楽団。
成员 chéngyuán 名 メンバー。
了不起 liǎobuqǐ 語句 偉い、大したものだ。
演奏 yǎnzòu 動 演奏する。
乐器 yuèqì 名 楽器。
二胡 èrhú 名 胡弓の一種。
酷 kù 形 （英語 cool の音訳から）個性的でかっこいい、すてきな。
难 nán 形 難しい。
比 bǐ 前 ……より。……に比べて。
小提琴 xiǎotíqín 名 バイオリン。
生活 shēnghuó 名 生活。
非常 fēicháng 副 とても、非常に。
充实 chōngshí 形 充実。

文法と表現

1 中国語の時制とアスペクト（動態）助詞

時制とは動詞が表す内容の時間的位置（過去、現在、未来など）を示す文法範疇である。中国語は英語と違って、時制によって動詞は変化しない。ただ動態助詞によって、動詞が表す動作や状態の時間的様相（アスペクト）——話題にしている時点が時間の流れの中で、どの過程にあるか、（これから起きる、進行中、完了、過去の経験）を示すことができる。

2 完了を表す動態助詞 "了"

動詞の後につけて、動作が完了したことを示す。否定形は「没（有）＋動詞」。

昨晚我熬夜了。　　　Zuówǎn wǒ áoyè le.
我去了医院。　　　　Wǒ qù le yīyuàn.
他买了钱包。　　　　Tā mǎi le qiánbāo.
昨天我没去大学。　　Zuótiān wǒ méi qù dàxué.
你做了作业没有？　　Nǐ zuò le zuòyè meiyou?

＊买 ── 買う、購入する。　　＊钱包 ── 財布。

3 前置詞の "在"

動作の行われる場所を示す。「～で（～する）。」

我爸爸在银行工作。　　Wǒ bàba zài yínháng gōngzuò.
我在补习班教英语。　　Wǒ zài bǔxíbān jiāo Yīngyǔ.
他在大学学习建筑。　　Tā zài dàxué xuéxí jiànzhù.

＊爸爸 ── 父。　　＊银行 ── 銀行。

4 副詞の使い方

副詞は述語（動詞、形容詞）を修飾する言葉で、述語の前に置く。前置詞フレーズを取る場合、そのフレーズの前に置く。

青岛啤酒真好喝。　　　Qīngdǎo Píjiǔ zhēn hǎohē.
那个公园真漂亮。　　　Nèige gōngyuán zhēn piàoliang.
他经常熬夜。　　　　　Tā jīngcháng áoyè.
他好像 有点儿困。　　　Tā hǎoxiàng yǒudiǎnr kùn.
我还喜欢葡萄酒。　　　Wǒ hái xǐhuan pútaojiǔ.
他还在外边打工。　　　Tā hái zài wàibiān dǎgōng.

＊打工 ── アルバイトをする。

5 時間状況語とその語順

中国語の動詞は時制によって変化しないが、過去、現在、未来の時間位置を時間状況語で表す。通常時間状況語を文の冒頭、あるいは主語のすぐ後に置く。

第四课　49

今天你去不去银行？　　Jīntiān nǐ qù bu qu yínháng?
他昨天去了医院没去？　Tā zuótiān qù le yīyuàn mei qu?
周末我不去大学。　　　Zhōumò wǒ bú qù dàxué.

＊周末 —— 週末。

その他の時間状況語

早上（zǎoshang）　上午（shàngwǔ）　中午（zhōngwǔ）　下午（xiàwǔ）　晚上（wǎnshang）
前天（qiántiān）　明天（míngtiān）　后天（hòutiān）　每天（měitiān）
上星期（shàng xīngqī）　这星期（zhè xīngqī）　下星期（xià xīngqī）
上个月（shàngge yuè）　这个月（zhèige yuè）　下个月（xiàge yuè）
前年（qiánnián）　去年（qùnián）　今年（jīnnián）　明年（míngnián）　后年（hòunián）

6　比較表現の"比"

前置詞"比"は"A比B＋形容詞"の形で用い、「AはBより〜」という意味で比較を表す。否定は"A没（有）B＋形容詞"の形で「AはBほど〜ではない」の意味を表す。

二胡比小提琴难。　　　Èrhú bǐ xiǎotíqín nán.
今天比昨天冷。　　　　Jīntiān bǐ zuótiān lěng.
我哥哥没（有）我高。　Wǒ gēge méi (you) wǒ gāo.

比較した結果、具体的にどれほどの差があるかを表す場合は、"A比B＋形容詞"の後ろに、その数量や、"得多 de duō（ずっと、はるかに）""一点儿 yìdiǎnr（少し）"をつけることができる。

他比我大两岁。　　　　Tā bǐ wǒ dà liǎng suì.
今天比昨天冷得多。　　Jīntiān bǐ zuótiān lěng de duō.
咖啡比茶贵一点儿。　　Kāfēi bǐ chá guì yìdiǎnr.

＊冷 —— 寒い。　　　　　　＊两岁 —— 二歳。
＊哥哥 —— 兄。　　　　　　＊咖啡 —— コーヒー。
＊高 —— 背が高い。　　　　＊贵 —— 値段が高い。
＊大 —— 年上。

●置き換えて言おう●

[一] 我爸爸在<u>银行</u>工作。

- 政府机关（zhèngfǔ jīguān　官庁）
- 证券公司（zhèngquàn gōngsī　証券会社）
- 外资企业（wàizī qǐyè　外資系企業）
- 报社（bàoshè　新聞社）
- 电视台（diànshìtái　テレビ局）
- 研究所（yánjiūsuǒ　研究所）

[二] 昨晚我<u>做</u>了<u>作业</u>。

- 听音乐（tīng yīnyuè　音楽を聴く）
- 看小说（kàn xiǎoshuō　小説を読む）
- 洗衣服（xǐ yīfu　衣服を洗う）
- 打扑克（dǎ púkè　トランプをする）
- 下围棋（xià wéiqí　囲碁を打つ）
- 复习功课（fùxí gōngkè　復習する）

＊功课 —— 勉強した内容。

●ドリル●

一　発音を聞き（　）内に語句を書き入れ、文の意味を日本語に訳しなさい。

1　昨晚我（　　　　　）了。
2　你这学期（　　　　　）多吗?
3　我在民乐团（　　　　　）二胡。
4　你（　　　　　）社团活动吗?
5　我的大学生活（　　　　　）充实。

二　次の単語のピンインを書いて音読し、その意味を日本語に訳しなさい。

1　兼职
2　了不起

3 可惜
4 作业
5 好吃

三 次のピンインの文を簡体字に直し、その意味を日本語に訳しなさい。
1 Wǒ gēge bǐ wǒ dà liǎng suì.
2 Tā zuótiān qù le yīyuàn mei qu?
3 Nèige gōngyuán zhēn piàoliang.
4 Tā hǎoxiàng yǒudiǎnr kùn.
5 Zuówǎn wǒ kàn le xiǎoshuō.

四 下記の語句を日本語の意味になるように、正しい順番に並べ替えなさい。
1 外资 / 工作 / 我 / 在 / 哥哥 / 企业 （私の兄は外資系企業に勤めています。）
2 洗 / 他 / 上星期 / 衣服 / 了 （先週彼は洗濯しました。）
3 喜欢 / 围棋 / 我 / 下 / 还 （私はまた囲碁をうつのが好きだ。）
4 昨天 / 复习 / 你 / 功课 / 了 / 没有 （昨日あなたは復習をしましたか。）
5 最近 / 他 / 不 / 经常 / 早饭 / 很 / 吃 / 忙
（彼は最近とても忙しいから、いつも朝食を食べない。）

五 次の文を中国語に訳しなさい。
1 バイオリンは二胡より難しいですか。
2 あなたは最近いつも徹夜しますか。
3 私の父はテレビ局で働いています。
4 あなたは何の楽器を演奏しますか。
5 私はいつも家で音楽を聴きます。

●コラム　中国人の朝ごはん

　中国は土地が広く物産も豊富なので、各地の食習慣はかなり異なり、朝ご飯もそれぞれの特色がある。広東では早茶といって、お茶を飲みながら食べる点心は念入りに作られ、種類も実に多い。まず蒸したものに、鳳爪(フォンジア)（鶏の脚）、蝦餃(シャアジャオ)（えびシュウマイ）、叉焼包(チャショウボウ)（チャーシュー肉まん）、焼いたものには、煎餃(ジェンジャオ)（焼き餃子）、春巻、煎蘿卜糕(ジェンロウボウガオ)（ビーフンと大根の繊切りに干しエビや中国風ハムの挽肉を混ぜて鉄板で焼いたもの）などがある。それにお粥のたぐいも豊富、その代表格は魚生粥(ユショオン)（熱いお粥に生の魚の薄い切り身を入れたもの）と皮蛋瘦肉粥(ピーダンシュウユーがゆ)であろう。経済の発展に伴い、広東風の早茶は全国に広がり、北方の都市でも食べられるようになった。

　多くの上海人にとっては、早点（朝食）は依然として大餅(ダービン)（小麦粉をこねて、油、塩などを練り込み、平たい円形にして胡麻をふりかけて焼いたもの）、油条(ユーティオ)（小麦粉こねて発酵させ、塩を加えて細長い棒状にして油で揚げたもの）、陽春麺(ヤンシュンめん)（具の入らないスープ麺）、と粢飯(ズーファン)（糯米と粳米をまぜて、しばらく冷水に浸した後、水を切って蒸したもので、白砂糖や油条などを中に入れて団子状にして食べる）であろう。特に粢飯を鹹豆漿(シェンドウジアン)（茶碗の底に砕いた油条、搾菜のみじん切り、乾した小海老と数滴の醤油と酢を入れて熱い豆乳を注いでできあがる）と一緒に食べれば風味はいっそう良いらしい。

　北京の伝統的な朝ご飯は至ってシンプルで、焼餅(シャオビン)（小麦粉をこねて発酵させ、塩、油、胡麻みそなどを練り込み円形にして焼いたもの）、油条、それに豆漿（豆乳）などであるが、甘いものに、焦圏児(ジャオジュアル)（小麦粉を練って油で揚げたドーナッツ状のもの）がある。正統の焦圏児は胡麻油で揚げ、揚げたて熱々のものは一番美味い。また老北京（北京っ子）にとっては、豆腐脳(ドウフナオ)（豆乳に苦(にが)り汁を入れて固めた柔らかい豆腐に醤油、胡麻油、香菜などをかけて食べる）も懐かしい朝食の一品である。

早茶　zǎochá	煎饺　jiānjiǎo
早点　zǎodiǎn	煎萝卜糕　jiānluóbogāo
鱼生粥　yúshēngzhōu	烧饼　shāobǐng
粢饭　zīfàn	油条　yóutiáo
咸豆浆　xiándòujiāng	豆腐脑　dòufǔnǎo

［参考文献］趙珩著『中国美味漫筆』（鈴木博訳、青土社）

第 五 课　　　　你家有几口人?

● 基本文型 ●

□ 你　家　有　几　口　人?
　　Nǐ　jiā　yǒu　jǐ　kǒu　rén?

□ 你们　公司　有　多少　人?
　　Nǐmen　gōngsī　yǒu　duōshao　rén?

□ 今天　六　月　二十三　号。
　　Jīntiān　liù　yuè　èrshísān　hào.

□ 今天　星期三。
　　Jīntiān　xīngqīsān.

□ 现在　晚上　七　点　二十　分。
　　Xiànzài　wǎnshang　qī　diǎn　èrshí　fēn.

● 会話5 ●
B-01

（話が盛り上がっているところ、張さんはその日が母親の誕生日だったことを思い出しました。）

张： 对了，铃木，今天 几 月 几 号?
Zhāng: Duìle, Língmù, jīntiān jǐ yuè jǐ hào?

铃木： 六 月 二十三 号，怎么了?
Língmù: Liù yuè èrshísān hào, zěnmele?

张： 我 忘 了，今天 是 我 妈妈 的 生日。
Zhāng: Wǒ wàng le, jīntiān shì wǒ māma de shēngrì.

铃木： 快 打 个 电话 吧。
Língmù: Kuài dǎ ge diànhuà ba.

（張さんはお母さんに電話をしましたが、留守だったようです。）

张： 没 人 接，今天 星期几?
Zhāng: Méi rén jiē, jīntiān xīngqījǐ?

铃木：	星期三。	
Língmù:	Xīngqīsān.	

张：	现在 几 点 钟？	
Zhāng:	Xiànzài jǐ diǎn zhōng?	

铃木：	晚上 七 点 二十 分。	
Língmù:	Wǎnshang qī diǎn èrshí fēn.	

张：	哦，我 妈妈 星期三 晚上 去 打 太极拳。	
Zhāng:	Ò, wǒ māma xīngqīsān wǎnshang qù dǎ tàijíquán.	

铃木：	你 妈妈 多大 年纪？	
Língmù:	Nǐ māma duōdà niánjì?	

张：	我 妈妈 今年 五十 岁。	
Zhāng:	Wǒ māma jīnnián wǔshí suì.	

井上：	小张，你 家 有 几 口 人？	
Jǐngshàng:	XiǎoZhāng, nǐ jiā yǒu jǐ kǒu rén?	

张：	四 口 人。爸爸、妈妈、哥哥 和 我。对了，	
Zhāng:	Sì kǒu rén. Bàba、māma、gēge hé wǒ. Duìle,	
	我 哥哥 是 小王 的 同事。	
	wǒ gēge shì XiǎoWáng de tóngshì.	

第五课 55

铃木： 世界 真 小 啊！小王，你们 公司 有 多少 人？
Língmù: Shìjiè zhēn xiǎo a! XiǎoWáng, nǐmen gōngsī yǒu duōshao rén?

王： 大概 有 两百 人 吧。
Wáng: Dàgài yǒu liǎngbǎi rén ba.

新しい単語

B-02

几 jǐ 疑・代 いくつ、いくつか。
月 yuè 名 月。
号 hào 名 日。
怎么了 zěnmele 語句 どうしたの。
忘 wàng 動 忘れる。
妈妈 māma 名 母、お母さん。
生日 shēngrì 名 誕生日。
快 kuài 副 急いで、速く。
打 dǎ 動 （電話を）かける。（ある種の遊技やスポーツ、動作や行為を）する。
个 ge 量 個、応用範囲が一番広い量詞。"一个"の場合、数詞の"一"は、しばしば省かれる。
电话 diànhuà 名 電話。
人 rén 名 人。
接 jiē 動 （手紙、電話などを）受け取る。
星期 xīngqī 名 曜日、週間。
现在 xiànzài 名 いま、現在。
点 diǎn 量 時間の単位、(何時何分の) 時。
钟 zhōng 名 ① 掛け時計や置き時計などの大きい時計、携帯用の小型のものは"表 biǎo"。② 時間を表す語の後におく。
晚上 wǎnshang 名 夕方、夜。
分 fēn 量 時間の単位、(何時何分の) 分。

太极拳 tàijíquán 名 太極拳。
多 duō 副 疑問文に用いて程度、数量を問う。どれだけ、どれほど。"多大"は「いくつ、何歳」の意味。
年纪 niánjì 名 年齢、年のころ。丁寧な言い方。
岁 suì 量 歳。
口 kǒu 量 ① (～) 人。家族の人数を数える場合に使う。② (～) 頭。豚を数える場合に使う。③ (～) 本。刀を数える場合に使う。
爸爸 bàba 名 父、お父さん。
哥哥 gēge 名 兄、お兄さん。
和 hé ① 接 対等の成分、事柄を並べて示す。～と～、および。② 前 動作をともにする相手を示す。～と (～する)。
同事 tóngshì 名 同僚。
世界 shìjiè 名 世界。
小 xiǎo 形 小さい。
啊 a 助 文末に用いて、感嘆、肯定、軽い疑問などの語気を表す。
多少 duōshao 疑・代 いくつ、どのくらい。
大概 dàgài 副 おおよそ、だいたい。
两百 liǎngbǎi 数 二百。

● 文法と表現 ●

1 数の数え方

一 yī　二 èr　三 sān　四 sì　五 wǔ　六 liù　七 qī　八 bā　九 jiǔ　十 shí
十一 shíyī　十二 shí'èr　十三 shísān　…
二十 èrshí　三十 sānshí　四十 sìshí　…
一百 yìbǎi　一百零一 yìbǎi líng yī　一百零二 yìbǎi líng èr　…
一百一十 yìbǎi yīshí　二百 èrbǎi　两百 liǎngbǎi　三百 sānbǎi　…
一千零一 yìqiān líng yī　一千一百 yìqiān yìbǎi　一千二百 yìqiān èrbǎi　…
两千 liǎngqiān　三千 sānqiān　四千 sìqiān　…
一万 yíwàn　两万 liǎngwàn　三万 sānwàn　…
一亿 yíyì　（一万万 yíwànwàn）

＊百単位以上であれば、"两"で数えることが多い。

2 量詞と名詞との組み合わせ

量詞は事物を数える単位である。名詞（物）の種類によって、それに相応しい量詞が用いられるのが普通である。以下はいくつかの実例である。

个 gè、ge ── もっとも広く用いられる量詞。
本 běn ── 書物など、綴じたものを数える。
台 tái ── 機械、設備などを数える。
张 zhāng ── 紙や机など、薄いもの、あるいは平らな面をもつものを数える。
把 bǎ ── 傘など握れる部分をもつものを数える。
支 zhī ── 棒状の硬いものを数える。
封 fēng ── 手紙を数える。
辆 liàng ── 自転車、自動車などの車両を数える。
家 jiā ── 家庭、商店、企業を数える。
条 tiáo ── ①柔らかくて長いものを数える。②犬を数える。
件 jiàn ── ①服（主に上着）を数える。②事柄を数える。

一本杂志　yì běn zázhì（一冊の雑誌）　　一支铅笔　yì zhī qiānbǐ（一本の鉛筆）
一条领带　yì tiáo lǐngdài（一本のネクタイ）　一条狗　yì tiáo gǒu（一匹の犬）
一张地图　yì zhāng dìtú（一枚の地図）　　一封信　yì fēng xìn（一通の手紙）
一把雨伞　yì bǎ yǔsǎn（一本の傘）　　　　一辆汽车　yí liàng qìchē（一台の自動車）

一台电脑　yì tái diànnǎo（一台のパソコン）

一家饭店　yì jiā fàndiàn（一軒のレストラン）　一件衣服　yí jiàn yīfu（一着の服）

一件事　yí jiàn shì（一つの事柄）

3 疑問代名詞の"几"と"多少"

"几"は数の少ないことを予想して尋ねる場合に用いる。"多少"は数量に関係なく用いられる。また"几"の後には量詞を置かなければならない。

桌子上有几本杂志?　　Zhuōzi shang yǒu jǐ běn zázhì?

你们大学有多少留学生?　Nǐmen dàxué yǒu duōshao liúxuéshēng?

4 年月日と曜日の言い方

1911 年　yī jiǔ yī yī nián　　　1949 年　yī jiǔ sì jiǔ nián

1945 年　yī jiǔ sì wǔ nián　　　2018 年　èr líng yī bā nián

*年代、電話番号、住所番地などは数字の粒読みをする。

*数字の"一 (yī)"を"七 (qī)"と区別するため、"yāo"と呼ぶ場合がある。

一月一号　yī yuè yī hào　　　　三月八号　sān yuè bā hào

五月五号　wǔ yuè wǔ hào　　　　七月七号　qī yuè qī hào

八月十五号　bā yuè shíwǔ hào　　十二月二十五号　shí'èr yuè èrshíwǔ hào

星期一　xīngqīyī（月曜日）　　　星期二　xīngqī'èr（火曜日）

星期三　xīngqīsān（水曜日）　　　星期四　xīngqīsì（木曜日）

星期五　xīngqīwǔ（金曜日）　　　星期六　xīngqīliù（土曜日）

星期日　xīngqīrì（日曜日）　　　星期天　xīngqītiān（日曜日）

*年月日や、曜日を言う場合、"是"を省くことができる。ただし、否定文は"是"の省略は不可。

*"星期"のほかに、"礼拜 lǐbài"という言い方もある。

5 時刻の言い方

一点　yì diǎn（1:00）　　两点　liǎng diǎn（2:00）　　三点　sān diǎn（3:00）…

十二点　shí'èr diǎn（12:00）

一点五分　yì diǎn wǔ fēn（1:05）　　　一点十五分　yì diǎn shíwǔ fēn（1:15）

一点一刻　yì diǎn yí kè（1:15）　　　一点半　yì diǎn bàn（1:30）

一点三刻　yì diǎn sān kè（1:45）

差五分三点　chà wǔ fēn sān diǎn（2:55）

> *刻 —— 15分単位で時間を数える言葉、英語のquarterに相当。"一刻"（15分）、
> "三刻"（45分）のみに用いる。
> *差 —— 足りない、隔たりがある。

6 数字の"二"と"两"

"二"は序数詞で、順序を示す場合に用いる。"两"は基数詞で、物の数を数える時に用いる。

今天是二月十二号。　　Jīntiān shì èr yuè shí'èr hào.
桌子上有两本书。　　　Zhuōzi shang yǒu liǎng běn shū.
＊ただし時刻の「二時」は"两点"という。

7 連動文

述語が二つ以上の動詞の連用からなる構文を連動文という。動作の目的や手段を併せて表すのによく用いる。この場合の語順は動作の発生した順番になる。

我和朋友去看电影。　　Wǒ hé péngyou qù kàn diànyǐng.
他去邮局买邮票。　　　Tā qù yóujú mǎi yóupiào.
他经常来这儿下围棋。　Tā jīngcháng lái zhèr xià wéiqí.
爸爸骑自行车上班。　　Bàba qí zìxíngchē shàngbān.

> *邮票 —— 切手。　　　　　　　＊上班 —— 出勤する。
> *骑 —— （馬や、自転車などに）乗る。

8 年齢の尋ね方

年齢を尋ねる場合、小さい子供に対して"你几岁了 nǐ jǐ suì le"と聞くが、それ以外はたいてい"你多大了 nǐ duōdà le"と尋ねる。また年配の方や目上の方に対して、"年纪"を付け加えて"您多大年纪了 nín duōdà niánjì le"と尋ねるほうが丁寧な言い方になる。

● 置き換えて言おう ●

［一］我星期三晚上去**打太极拳**。

　　　　打网球（dǎ wǎngqiú　テニスをする）
　　　　弹钢琴（tán gāngqín　ピアノを弾く）
　　　　下象棋（xià xiàngqí　中国将棋をする）
　　　　踢足球（tī zúqiú　サッカーをする）
　　　　听音乐会（tīng yīnyuèhuì　コンサートを聴く）
　　　　看棒球比赛（kàn bàngqiú bǐsài　野球の試合を観戦する）

［二］桌子上有**一杯咖啡**。（yì bēi kāfēi　一杯のコーヒー）

　　　　两支香烟（liǎng zhī xiāngyān　二本のタバコ）
　　　　三本杂志（sān běn zázhì　三冊の雑誌）
　　　　四张明信片（sì zhāng míngxìnpiàn　四枚の葉書）
　　　　五份报纸（wǔ fèn bàozhǐ　五部の新聞紙）
　　　　六封信（liù fēng xìn　六通の手紙）
　　　　七粒口香糖（qī lì kǒuxiāngtáng　七粒のガム）

● ドリル ●

一　発音を聞き（　）内に語句を書き入れ、文の意味を日本語に訳しなさい。
　1　今天（　　　　　　　）？
　2　你们（　　　　　　　）有多少人？
　3　我妈妈（　　　　　　　）五十岁。
　4　我星期三晚上去（　　　　　　　）。
　5　桌子上有（　　　　　　　）书。

二　次の単語のピンインを書いて音読し、その意味を日本語に訳しなさい。
　1　同事
　2　星期
　3　晚上
　4　大概

5 年纪

三 次のピンインの文を簡体字に直し、その意味を日本語に訳しなさい。
1 Xiànzài jǐ diǎn zhōng?
2 Wǒ hé péngyou qù tīng yīnyuèhuì.
3 Jīntiān shì wǒ māma de shēngrì.
4 Zhuōzi shang yǒu yì bēi kāfēi.
5 Jīntiān shì wǔ yuè sānshí hào, xīngqī'èr.

四 下記の語句を日本語の意味になるように、正しい順番に並べ替えなさい。
1 五分 / 三点 / 现在 / 差（今は三時五分前です。）
2 比赛 / 看 / 晚上 / 星期天 / 去 / 我 / 棒球（日曜日の夜、私は野球の試合を見に行く。）
3 家 / 一 / 狗 / 我 / 有 / 条（我が家には一匹の犬がいる。）
4 和 / 你 / 打 / 谁 / 网球?（あなたは誰とテニスをしますか。）
5 公司 / 两百 / 我们 / 人 / 大概 / 有（私たちの会社にはだいたい二百人がいる。）

五 次の文を中国語に訳しなさい。
1 あなたのお父さんはおいくつですか。
2 私は土曜日の夜いつも友達とトランプをやる。
3 机の上に二通の手紙がある。
4 彼は昨日公園へ行って太極拳をやりました。
5 私の家は四人家族です。

ユニット練習2（第三課～第五課）

一　次の文章を日本語に訳し、朗読してみよう。

B-13

我是井上美玲，大家都叫我美玲。我家在东京。东京有很多名胜古迹。我家有三口人，爸爸、妈妈和我。我爸爸在银行工作，妈妈是专职主妇。我在大学学习建筑设计，我还是大学乐队的成员。我在乐队里演奏小提琴。现在，我在北京留学，学习汉语。我有很多中国人的朋友，我的生活很忙，也很快乐。

Wǒ shì Jǐngshàng Měilíng, dàjiā dōu jiào wǒ Měilíng. Wǒ jiā zài Dōngjīng. Dōngjīng yǒu hěn duō míngshèng gǔjì. Wǒ jiā yǒu sān kǒu rén, bàba、māma hé wǒ. Wǒ bàba zài yínháng gōngzuò, māma shì zhuānzhí zhǔfù. Wǒ zài dàxué xuéxí jiànzhù shèjì, wǒ hái shì dàxué yuèduì de chéngyuán. Wǒ zài yuèduì lǐ yǎnzòu xiǎotíqín. Xiànzài, wǒ zài Běijīng liúxué, xuéxí Hànyǔ. Wǒ yǒu hěn duō Zhōngguórén de péngyou, wǒ de shēnghuó hěn máng, yě hěn kuàilè.

*名胜古迹 ── 名所旧跡。
*专职主妇 ── 専業主婦。
*乐队 ── 楽隊、バンド。
*快乐 ── 楽しい。

我在北京留学。

二 下に挙げた中から単語を選んで、絵の内容を中国語で説明してみよう。

书桌 / 上 / 下 / 左 / 右 / 旁边 / 有 / 在 / 一 / 二 / 三 / 四 / 五 / 六 / 本 / 书 / 杂志 / 词典 / 笔记本电脑 / 书包 / 小提琴 / 唐东的哥哥 / 工作 / 每天证券公司 / 明天书店 / 天天报社 / 小红 / 是 / 大学乐队的成员 / 演奏 / 吉他

●コラム　中国の通貨と買い物

　中華人民共和国で使用されている"人民币 rénmínbì"は、いままで四回発行があった。現在流通しているのは1987年に発行されたもので、額面金額で見ると、[一角／二角／五角／一元／二元／五元／十元／五十元／一百元]の九種の紙幣、それに数種のコインがある。

　通貨の基本単位は"元 yuán""角 jiǎo""分 fēn"の三種がある。話し言葉では、"元"を"块 kuài"、"角"を"毛 máo"と呼び、最後にくる単位を省略する。

十五元六角（shíwǔ yuán liù jiǎo）→口語的表現：十五块六（shíwǔ kuài liù）

　デパートやスーパーで買物する場合は、商品が定価で売られているが、自由市場や露店、お土産屋で買物する時は"讨价还价 tǎojiàhuánjià"つまり値段の交渉、値切ることができる。以下は会話の一例である。

A：请问，一斤西红柿多少钱？　　Qǐngwèn, yì jīn xīhóngshì duōshao qián?
B：两块五一斤。　　　　　　　　Liǎng kuài wǔ yì jīn.
A：能便宜一点儿吗？　　　　　　Néng piányi yìdiǎnr ma?
B：两块吧。　　　　　　　　　　Liǎng kuài ba.

*斤 —— 500g。　　*西红柿 —— トマト。　　*多少钱 —— いくら。
*能 —— できる。　*便宜 —— 安い、安くする。*一点儿 —— ちょっと。

ユニット3

趣味・好みについて語ろう！

第六课　　　我去过故宫和长城。

● 基本文型 ●

□ 我　去过　故宫。
　　Wǒ　qùguo　Gùgōng.

□ 祈年殿　现在　是　世界　文化　遗产　了。
　　Qíniándiàn　xiànzài　shì　shìjiè　wénhuà　yíchǎn　le.

□ 品　着　茶　看　着　演出。
　　Pǐn　zhe　chá　kàn　zhe　yǎnchū.

● 会話6 ●

（王さんと張さんは二人に北京の名所を熱心に紹介しています。）

王：　你们　都　去过　北京　的　什么　地方？
Wáng:　Nǐmen　dōu　qùguo　Běijīng　de　shénme　dìfang?

铃木：　我　去过　故宫　和　长城。
Língmù:　Wǒ　qùguo　Gùgōng　hé　Chángchéng.

井上：　我　也　去过　故宫，但是　还　没　去过　长城。
Jǐngshàng:　Wǒ　yě　qùguo　Gùgōng,　dànshì　hái　méi　qùguo　Chángchéng.

张：　美玲，你　学　建筑，应该　去　天坛　公园　看看。
Zhāng:　Měilíng,　nǐ　xué　jiànzhù,　yīnggāi　qù　Tiāntán　gōngyuán　kànkan.

王：　对，天坛　公园　里　的　祈年殿，现在　是　世界
Wáng:　Duì,　Tiāntán　gōngyuán　lǐ　de　Qíniándiàn,　xiànzài　shì　shìjiè

　　　文化　遗产　了。
　　　wénhuà　yíchǎn　le.

张：　老舍　茶馆　也　在　那　附近，你们　去过　吗？
Zhāng:　Lǎoshě　cháguǎn　yě　zài　nà　fùjìn,　nǐmen　qùguo　ma?

井上：　我　喜欢　喝　中国　茶，但是　还　没　去过
Jǐngshàng:　Wǒ　xǐhuan　hē　Zhōngguó　chá,　dànshì　hái　méi　qùguo

中国 的 茶馆儿。
Zhōngguó de cháguǎnr.

王： 在 茶馆儿 里 品 着 茶 看 着 演出， 这 才
Wáng: Zài cháguǎnr lǐ pǐn zhe chá kàn zhe yǎnchū, zhè cái
是 老 北京 的 生活。
shì lǎo Běijīng de shēnghuó.

铃木： 那里 都 有 什么 演出？
Língmù: Nàli dōu yǒu shénme yǎnchū?

王： 有 京剧、 相声、 杂技 等。
Wáng: Yǒu jīngjù, xiàngsheng, zájì děng.

铃木： 是 吗？ 我 对 京剧 特别 感 兴趣！ 咱们
Língmù: Shì ma? Wǒ duì jīngjù tèbié gǎn xìngqu! Zánmen
一起 去 吧！
yìqǐ qù ba!

王： 正好， 明天 我 休息， 就 明天 去， 怎么样？
Wáng: Zhènghǎo, míngtiān wǒ xiūxi, jiù míngtiān qù, zěnmeyàng?

铃木： 好 啊！ 我们 在 哪儿 等 你？
Língmù: Hǎo a! wǒmen zài nǎr děng nǐ?

王：　　　　　在　学校　门口　的　星巴克，早上　九　点，好　吗？
Wáng:　　　Zài　xuéxiào　ménkǒu　de　Xīngbākè, zǎoshang jiǔ diǎn, hǎo ma?

铃木、张、井上：　　　　好！
Língmù, Zhāng, Jǐngshàng:　　Hǎo!

新しい単語

B-15

- 去 qù 動 行く。
- 过 guo 動態・助 動詞の後ろにつけて過去の経験を表す。～したことがある。
- 地方 dìfang 名 ところ。
- 故宫 Gùgōng 固 故宫。
- 长城 Chángchéng 固 長城。"万里长城"（Wànlǐ chángchéng）の略称。
- 但是 dànshì 接 しかし。
- 没 méi 副 動作、状態が完成していないことを示す。"还没"ともいう。
- 学 xué 動 学ぶ。
- 应该 yīnggāi 助動 動詞の前につけて、～すべきだ。
- 天坛公园 Tiāntán gōngyuán 固 天壇公園。
- 对 duì ① 形 正しい、その通りだ。（応答に用い、相手の意向に同調して）そうです。② 前 ～に対して。
- 里 lǐ 方 ～のなか。
- 祈年殿 Qíniándiàn 固 祈年殿。天壇公園の中心的な建物。
- 文化 wénhuà 名 文化。
- 遗产 yíchǎn 名 遺産。
- 了 le 動態・助 文末に用いられる。状況の変化、推移を示す。
- 老舍茶馆 Lǎoshě cháguǎn 固 老舍茶館。北京にある老舗茶館。作家老舎の有名な新劇『茶館』にちなんで名づけられた。
- 附近 fùjìn 方 近く。
- 茶馆儿 cháguǎnr 名 中国式の喫茶店。
- 品 pǐn 動 賞味する、味わう。
- 着 zhe 動態・助 動詞の後に用い、① 動作が進行、持続していることを示す。② 動作の結果が状態として持続していることを示す。～している。
- 看 kàn 動 見る。
- 演出 yǎnchū 名 公演、出し物。
- 才 cái 副 ～こそ。～してはじめて。
- 老北京 lǎo Běijīng 名 昔ながらの、伝統的な北京。または生粋の北京っ子。
- 京剧 jīngjù 名 京劇。
- 相声 xiàngsheng 名 中国の漫才。
- 杂技 zájì 名 中国の雑技。
- 等 děng ① 助 など。② 動 待つ。
- 感 gǎn 動 感じる。
- 兴趣 xìngqu 名 興味。"感兴趣 gǎn xìngqu"は、興味を感じる。前置詞"对"と組み合わせて"对……感兴趣"（～に対して興味を持っている）の形で使われることが多い。
- 特别 tèbié 副 とくに。
- 一起 yìqǐ 副 一緒に。
- 正好 zhènghǎo 形 ちょうどいい。
- 明天 míngtiān 名 あした。
- 休息 xiūxi 動 休む。
- 就 jiù 副 （強く肯定して）ほかでもなく……だ。……にほかならない。まさに。
- 怎么样 zěnmeyàng 語句 どうですか。
- 学校 xuéxiào 名 学校。
- 门口 ménkǒu 名 入り口。
- 星巴克 Xīngbākè 固 スターバックス。
- 早上 zǎoshang 名 朝。

● 文法と表現 ●

1 状況の変化を示す"了"

アスペクトを示す動態助詞として、文末につけて状況・状態の変化を示す。

他现在是作家了。　Tā xiànzài shì zuòjiā le.
他的病好了。　　　Tā de bìng hǎo le.

> ＊病 ── 病気。　　＊好 ── 治る。

・完了を表す助詞"了"との比較

我等了两个小时。　　Wǒ děng le liǎng ge xiǎoshí.
我等了两个小时了。　Wǒ děng le liǎng ge xiǎoshí le.

> ＊小时 ── 時の経過を数える単位。時間。英語の"hour"。

2 過去の経験を示す"过"

アスペクトを示す動態助詞として、動詞の後に置き、過去の経験を表す。否定文は"没有"、あるいは"没"を用いる。

我吃过中国菜。　　　　Wǒ chīguo Zhōngguócài.
我看过那本小说。　　　Wǒ kànguo nèi běn xiǎoshuō.
我没看过橄榄球比赛。　Wǒ méi kànguo gǎnlǎnqiú bǐsài.

> ＊中国菜 ── 中華料理。　　＊比赛 ── 試合。
> ＊橄榄球 ── ラグビー。

3 動作の持続態

「動詞＋着」の形

他喝着茶，抽着烟。　　　　Tā hē zhe chá, chōu zhe yān.
办公室的门开着。　　　　　Bàngōngshì de mén kāi zhe.
老师站着，学生们坐着。　　Lǎoshī zhàn zhe, xuéshengmen zuò zhe.

第六课　69

> ＊抽烟 —— たばこを吸う。
> ＊办公室 —— オフィス。
> ＊门 —— ドア。
> ＊开 —— 開く。
> ＊站 —— 立つ。
> ＊坐 —— 坐る。

4 動詞の重ね型

動詞を重ねることによって、「ちょっと～する」と気軽に試す意味を表すことができる。

我想想。　　　　　　　Wǒ xiǎngxiang.

咱们休息休息吧。　　　Zánmen xiūxi xiūxi ba.

> ＊想 —— 考える。

● 置き換えて言おう ●

［一］你去过<u>北京</u>吗?

　　　巴黎（Bālí　パリ）
　　　伦敦（Lúndūn　ロンドン）
　　　纽约（Niǔyuē　ニューヨーク）
　　　曼谷（Màngǔ　バンコク）
　　　莫斯科（Mòsīkē　モスクワ）
　　　柏林（Bólín　ベルリン）
　　　罗马（Luómǎ　ローマ）
　　　开罗（Kāiluó　カイロ）

［二］你<u>吃</u>过<u>中国菜</u>吗?

　　　打网球（dǎ wǎngqiú　テニスをする）
　　　弹钢琴（tán gāngqín　ピアノを弾く）
　　　开车（kāichē　車を運転する）
　　　骑自行车（qí zìxíngchē　自転車に乗る）
　　　下象棋（xià xiàngqí　中国将棋をする）
　　　踢足球（tī zúqiú　サッカーをする）

打篮球（dǎ lánqiú　バスケットボールをする）
玩儿电子游戏（wánr diànzǐ yóuxì　電子ゲームをする）

● ドリル ●

一　発音を聞き（　）内に語句を書き入れ、文の意味を日本語に訳しなさい。
　1　他去（　　　　　）纽约吗?
　2　他现在（　　　　　）在纽约。
　3　我（　　　　　）喝中国茶。
　4　你（　　　　　）休息休息。
　5　我爸爸（　　　　　）相声特别感兴趣。

二　次の単語のピンインを書いて音読し、その意味を日本語に訳しなさい。
　1　京剧
　2　世界
　3　文化遗产
　4　正好
　5　怎么样

三　次のピンインの文を簡体字に直し、その意味を日本語に訳しなさい。
　1　Wǒ qùguo Chángchéng hé Gùgōng.
　2　Zhèli xiànzài shì shìjiè yíchǎn le.
　3　Míngtiān zǎoshang jiǔ diǎn, wǒ zài bàngōngshì děng nǐ.
　4　Zài cháguǎnr lǐ pǐn zhe chá kàn zhe jīngjù, zhè cái shì lǎo Běijīng de shēnghuó.
　5　Wǒ hái méi qùguo Mòsīkē.

四　下記の語句を日本語の意味になるように、正しい順番に並べ替えなさい。
　1　祈年殿 / 是 / 现在 / 了 / 世界 / 文化遗产（祈年殿は今や世界文化遺産になった。）
　2　感兴趣 / 电子游戏 / 他 / 特别 / 对（彼は電子ゲームに特に興味を持っている。）
　3　老舍茶馆 / 天坛公园 / 附近 / 也 / 的 / 在（老舍茶館も天壇公園の近くにある。）
　4　还 / 我 / 车 / 过 / 开 / 没（私はまだ車を運転したことがない。）
　5　一起 / 咱们 / 吧 / 去 / 正好（ちょうどよかった。私たち一緒に行きましょう。）

第六课　71

五 次の文を中国語に訳しなさい。
1 美玲さんは中国の建築物に興味を持っています。
2 あなたは何曜日お休みですか。
3 あなたは自分で洗濯すべきです。
4 この近くのスターバックスに行ったことがありますか。
5 オフィスのドアが開いたままです。

● コラム　京劇への誘い

　京劇は日本の歌舞伎にあたる中国の古典劇の一種で、二百年以上の歴史がある。京劇を語るには、まずそれより先に栄えた地方劇の崑曲にふれなければならない。崑曲の起こりは元代にさかのぼり、明代の嘉靖年間になると、南北演劇の長所を取り入れて集大成した崑曲は、都の北京でも行われるようになり、笛を主とする優美な伴奏と、複雑な旋律、声楽の技巧によって、元雑劇よりはるかに洗練された戯曲となった。

　京劇誕生のきっかけになったのは、清代の1790年、乾隆帝の八十歳を祝うために、安徽省からやって来た劇団の祝賀興行である。彼らは湖北で発生し、安徽で栄えた「二黄腔」（腔とは唄の節、調べの意味）を北京に持ち込み、これが陝西に発生した「西皮腔」と合体して「皮黄腔」と呼ばれた。さらにその頃北京で流行っていた崑曲などの地方劇の要素を吸収して、独自のものに発達したのが京劇である。

　文学の薫りが高く、雅やかな崑曲に比べて、京劇は通俗的で娯楽性に富んだ演劇である。その理由といえば、演劇の要素である「唱、念、做、打」（唄、せりふ、しぐさ、立ち回り）だけでなく、とんぼ返りなどの雑技のわざも持ち合わせる多彩ぶりである。教養のあるインテリにも、一般大衆にも喜ばれるもので、今も多くの人々に愛され続けているのである。

　華やかな衣裳を身にまとう京劇だが、意外なことに、その舞台装置は極めてシンプルである。役者の演技力が舞台を支えているからだ。しぐさの一つを見ても、手や目の動き、身のこなし、歩き方まで、その表現は実に繊細である。そして隈取りである顔のメイクも色彩豊かで、人物の個性を表すのに役立っているのである。

京剧 jīngjù　　　　　　　　　　昆曲 kūnqǔ
二黄腔 èrhuángqiāng　　　　　　西皮腔 xīpíqiāng
唱、念、做、打 chàng、niàn、zuò、dǎ　脸谱 liǎnpǔ

第 七 课　　　　老舍茶馆儿离这儿不太远。

● 基本文型 ●

□ 我　给　你们　介绍　一下。
　 Wǒ　gěi　nǐmen　jièshào　yíxià.

□ 这里　的　涮羊肉　味道　特别　好。
　 Zhèli　de　shuànyángròu　wèidào　tèbié　hǎo.

□ 从　这儿　到　老舍　茶馆儿，开车　要　多　长　时间？
　 Cóng　zhèr　dào　Lǎoshě　cháguǎnr,　kāichē　yào　duō　cháng　shíjiān?

□ 老舍　茶馆儿　离　这儿　不　太　远。
　 Lǎoshě　cháguǎnr　lí　zhèr　bú　tài　yuǎn.

● 会話 7 ●

（翌日の昼過ぎ、四人は天壇公園を出て、近くのレストランに入り、席に着いた。）

王：　　　　我　给　你们　介绍　一下，这　是　北京　的　老店，
Wáng:　　Wǒ　gěi　nǐmen　jièshào　yíxià,　zhè　shì　Běijīng　de　lǎodiàn,

　　　　　这里　的　涮羊肉　味道　特别　好！
　　　　　zhèli　de　shuànyángròu　wèidào　tèbié　hǎo!

张：　　　　对，这　家　饭店　的　蘸料　好吃，羊肉　又　鲜
Zhāng:　　Duì,　zhè　jiā　fàndiàn　de　zhànliào　hǎochī,　yángròu　yòu　xiān

　　　　　又　嫩！
　　　　　yòu　nèn!

铃木：　　　太　好　了！今天　比　昨天　冷，吃　涮羊肉，
Língmù:　　Tài　hǎo　le!　Jīntiān　bǐ　zuótiān　lěng,　chī shuànyángròu,

　　　　　正好！
　　　　　zhènghǎo!

井上：　　　这里　的　蘸料　辣　不　辣　啊？
Jǐngshàng:　Zhèli　de　zhànliào　là　bu　la　a?

王： 放心 吧， 有 不 辣 的。
Wáng: Fàngxīn ba, yǒu bú là de.

铃木： 我 已经 饥肠辘辘 了，快 点 菜 吧。
Língmù: Wǒ yǐjīng jīchánglùlù le, kuài diǎn cài ba.

张： 好，我 也 饿 了。服务员！你 好！我们 点 菜！
Zhāng: Hǎo, wǒ yě è le. Fúwùyuán! Nǐ hǎo! Wǒmen diǎn cài!

● 会話 8 ●

（食後、四人は周辺をぶらぶらしてからタクシーを拾って老舎茶館に向かいます。）

张： 您 好！我们 去 老舍 茶馆儿。
Zhāng: Nín hǎo! Wǒmen qù Lǎoshě cháguǎnr.

司机： 您 好！去 看 演出 啊？
Sījī: Nín hǎo! Qù kàn yǎnchū a?

张： 对，从 这儿 到 老舍 茶馆儿，开车 要 多
Zhāng: Duì, cóng zhèr dào Lǎoshě cháguǎnr, kāichē yào duō

长 时间？
cháng shíjiān?

司机：　　老舍　　茶馆儿　离　　这儿　不　太　　远，　大概　　十　分
Sījī:　　　Lǎoshě　cháguǎnr　lí　　zhèr　bú　tài　yuǎn,　dàgài　shí　fēn

　　　　　钟　吧。　几　点　　开演？
　　　　　zhōng ba.　Jǐ　diǎn　kāiyǎn?

张：　　　五　点　半。　请　　您　快　　点儿　　开。
Zhāng:　　Wǔ　diǎn　bàn.　Qǐng　nín　kuài　diǎnr　kāi.

司机：　　好　嘞。
Sījī:　　　Hǎo　lei.

新しい単語

给 gěi [前] 動作、行為の相手を示す。～に。
介绍 jièshào [動] 紹介する。
一下 yíxià [数+量] 動詞の後に用いて、ちょっと……する。
老店 lǎodiàn [名] 老舗。
涮羊肉 shuànyángròu [名] 羊肉のしゃぶしゃぶ。
味道 wèidào [名] 味。
家 jiā [量] 軒。店、工場、企業などを数える。
饭店 fàndiàn [名] レストラン。
蘸料 zhànliào [名] （しゃぶしゃぶなどの）つけだれ。
又 yòu [副] また。"又……又……"の文型で二つ以上の性質、状況、動作が同時に存在していることを表す。「～であり、また～でもある」、「～したりまた～したりする」。
鲜 xiān [形] 魚、肉などを使った料理で素材の味が生かされて美味しい。
嫩 nèn [形] 魚、肉などの料理の食感が柔らかい。
太好了 tài hǎo le [語句] とっても良い、よかった。すばらしい。

冷 lěng [形] 寒い。
辣 là [形] 辛い。
放心 fàngxīn [動] 安心する。
已经 yǐjīng [副] すでに。もう。
饥肠辘辘 jīchánglùlù 四字熟語。腹ペコである。
点 diǎn [動] 指定する。
菜 cài [名] 料理、おかず。"点菜"は、「料理の注文をする」意味。
饿 è [動] お腹がすく、腹が減る。
服务员 fúwùyuán [名] 店員さん。
从 cóng [前] 空間的、時間的起点を示す。～から。
到 dào [前] ① 空間的、時間的終点を示す。～まで。② 方向を示す。～へ。
开车 kāichē [動] 運転する。
要 yào [動] 必要とする、かかる。
长 cháng [形] 長い。
时间 shíjiān [名] ① 概念としての時間。② 一定量の時間。
离 lí [前] 空間的、時間的へだたりを表し、二点間の距離をはかる基点を示す。～から、～まで。
不太 bú tài [副] あまり……ではない。
开演 kāiyǎn [動] （芝居などが）開演する。

第七课　75

| ~点儿 diǎnr 量 動詞・形容詞の後について、ちょっと（少し）～。 | 好嘞 hǎo lei 語句 （軽快な口調で）いいよ。 |

●文法と表現●

1 前置詞（介词）"给"
B-25

中国語では、前置詞のことを「介词」と呼ぶ。名詞や代名詞と組み合わせ、動作の時間、場所、方向、対象、方式、比較、受動、使役などの意味を表す。

前置詞"给"は、動作、行為の対象、相手を示し、"A 给 B ＋動詞"の形で用いる。

他给朋友介绍工作。　　Tā gěi péngyou jièshào gōngzuò.
老师给学生上课。　　　Lǎoshī gěi xuésheng shàngkè.
我给你发电子邮件。　　Wǒ gěi nǐ fā diànzǐyóujiàn.

＊上课 ── 講義をする。　　＊发电子邮件 ── 電子メールを送る。

2 主な形容詞
B-26

大 dà（大きい）	多 duō（多い）	长 cháng（長い）	远 yuǎn（遠い）
小 xiǎo（小さい）	少 shǎo（少ない）	短 duǎn（短い）	近 jìn（近い）
高 gāo（高い）	胖 pàng（太っている）	快 kuài（速い）	早 zǎo（早い）
矮 ǎi（低い）	瘦 shòu（痩せている）	慢 màn（のろい）	晚 wǎn（遅い）

3 形容詞の名詞化
B-27

形容詞の後に"的"を置くと、名詞になる。

大的是我的，小的是你的。　　Dà de shì wǒ de, xiǎo de shì nǐ de.
他不喜欢吃辣的，喜欢吃甜的。　　Tā bù xǐhuan chī là de, xǐhuan chī tián de.

＊甜 ── 甘い。

4 前置詞"从""到""离"
B-28

中国語では位置関係や時間的、空間的隔たりを表すのに前置詞の"从"（～から）"到"（～まで）"离"（～から）を使う。"从"は起点、"到"は終点または方向（～へ）、"离"は距離や隔たりを表す。

範囲、隔たりを表す場合は、"从 A 到 B ＋述語" か "A 离 B ＋述語" の形で表す。

从东京到北京坐飞机要三个小时。	Cóng Dōngjīng dào Běijīng zuò fēijī yào sān ge xiǎoshí.
从星期一到星期六奶奶都在家。	Cóng xīngqīyī dào xīngqīliù nǎinai dōu zài jiā.
我家离学校不远。	Wǒ jiā lí xuéxiào bù yuǎn.
现在离圣诞节还有一个星期。	Xiànzài lí Shèngdàn jié hái yǒu yí ge xīngqī.

> *坐 ── 乗り物に乗る、搭乗する。
> *飞机 ── 飛行機。
> *奶奶 ── 祖母、おばあちゃん。
> *圣诞节 ── クリスマス。

"从" と "到" はそれぞれ単独で "从 A ＋動詞" "到 A ＋動詞" の形で使える。

春假从二月开始。	Chūnjià cóng èr yuè kāishǐ.
你从哪儿来?	Nǐ cóng nǎr lái?
我们从东京出发。	Wǒmen cóng Dōngjīng chūfā.
姐姐到上海去了。	Jiějie dào Shànghǎi qù le.

> *春假 ── 春休み。
> *开始 ── 始まる。
> *出发 ── 出発する。

5 "動詞＋一下" の文型

"動詞＋一下" の文型は、前出（第六課「文法と表現」4）の「動詞の重ね型」と同じく、動詞の意味をよりやさしい口調で伝えることができる。「ちょっと（〜する、〜してみる）」。

我给你们介绍一下。	Wǒ gěi nǐmen jièshào yíxià.
请等一下。	Qǐng děng yíxià.

6 "又……又……" の文型

二つ以上の性質、状況、動作が同時に存在していることを表す。「〜であり、また〜でもある」「〜したりまた〜したりする」。

食堂的饭菜又可口又便宜。	Shítáng de fàncài yòu kěkǒu yòu piányi.
我又累又困。	Wǒ yòu lèi yòu kùn.
他们又哭又笑。	Tāmen yòu kū yòu xiào.

> ＊饭菜 —— 食事（ご飯やおかず）。
> ＊可口 —— 口にあう。
> ＊便宜 —— 安い。
> ＊累 —— 疲れている。
> ＊哭 —— 泣く。
> ＊笑 —— 笑う。

● 置き換えて言おう ●

［一］老舍茶馆儿离这儿<u>不太</u>远。

> 很（hěn　とても）
> 挺（tǐng　なかなか）
> 格外（géwài　格別に）
> 相当（xiāngdāng　かなり）
> 特别（tèbié　とくに）
> 非常（fēicháng　非常に）

［二］你给谁<u>介绍工作</u>?

> 打电话（dǎ diànhuà　電話をかける）
> 写信（xiě xìn　手紙を書く）
> 发传真（fā chuánzhēn　ファックスを送信する）
> 发电子邮件（fā diànzǐyóujiàn　電子メールを送信する）
> 送礼物（sòng lǐwù　プレゼントを贈る）
> 买领带（mǎi lǐngdài　ネクタイを買う）

● ドリル ●

一　発音を聞き（　）内に語句を書き入れ、文の意味を日本語に訳しなさい。

1　我（　　　　　　）你们介绍一下。
2　（　　　　　　）你家（　　　　　　）学校要多长时间?
3　老舍茶馆（　　　　　　）这儿不远。
4　这里的涮羊肉味道（　　　　　　）好。
5　这里的羊肉（　　　　　　）鲜（　　　　　　）嫩。

二 次の単語のピンインを書いて音読し、その意味を日本語に訳しなさい。
1 开始
2 蘸料
3 出发
4 点菜
5 演出

三 次のピンインの文を簡体字に直し、その意味を日本語に訳しなさい。
1 Zhè shì Běijīng de lǎodiàn.
2 Zhè jiā fàndiàn wèidào fēicháng hǎo.
3 Jīntiān bǐ zuótiān lěng de duō.
4 Cóng nǐ jiā dào xuéxiào, dàgài yào duō cháng shíjiān?
5 Qǐng nín kuài diǎnr kāi.

四 下記の語句を日本語の意味になるように、正しい順番に並べ替えなさい。
1 奶奶 / 在 / 星期一 / 从 / 星期六 / 到 / 家 / 都。
（おばあちゃんは月曜日から土曜日までずっと家にいます。）
2 谁 / 给 / 工作 / 你 / 介绍（あなたは誰に仕事を紹介しますか。）
3 开演 / 的 / 京剧 / 几点 / 这里（ここの京劇は何時に開演しますか。）
4 去 / 一起 / 吧 / 咱们 / 老舍茶馆 / 喝茶（一緒に老舍茶館にお茶を飲みに行きましょう。）
5 给 / 电话 / 吧 / 我 / 你 / 打（私に電話をしてください。）

五 次の文を中国語に訳しなさい。
1 早く料理の注文をしよう。私はもう腹ペコだ。
2 今はクリスマスまであと二週間あります。
3 今年の冬は去年の冬ほど寒くない。　（冬：冬天 dōngtiān）
4 春休みは何月から始まりますか。
5 美玲さんは辛い物が苦手です。

●コラム　古都北京と老舗の味

　北京は金、元の時代から数えればもう八百年以上の歴史をもつ古い都である。遠い昔、「幽燕」と呼ばれたこの地でいくたび盛衰と興亡が演じられてきた。12世紀のはじめ、中国東北部の女真族は金国を建て、契丹の遼国と北宋を滅ぼした。遼では「南京」また「燕京」と呼ばれていたこの地で金は新しい都城を築いて「中都」と命名した。13世紀初頭の1214年、チンギスカンの蒙古騎兵は「中都」を襲い、「城下の盟」を結んで一旦撤兵したが、翌年再び侵攻し、都城を占領した。「中都」の宮室も戦火の中で廃墟となった。幸い中都城の東北にある離宮である「大寧宮」(ダーニングォン)（今日の北海公園）は戦火を何とか免れて、ほぼ無傷のままで残った。1264年、元の世祖フビライは側近の進言を受け入れて「大寧宮」を中心に新都を再建し、名称も「大都」(ダードオ)と改めた。

　元の大都は突厥語で「カンパリ」といって、つまり「大汗(カガン)の城」という意味である。マルコポーロはその『東方見聞録』の中で大都の華麗と壮観を克明に書き記している。明代になると、防御の利便を考慮して北の城壁を南へ移し、新たに城壁を固め、増築した。三代目の永楽帝(えいらくてい)は首都を南京からかつての自分の領地、「龍興(りゅうこう)の地」でもあるこの北平府に移し、はじめて「北京」と改名したのである。以後、明、清の数百年にわたって北京は王朝の都として天下に君臨した。辛亥革命以後、北京はまた数度の変遷を経て、今も中国の政治、文化の中心である。そして歴代皇帝が住んでいた紫禁城は、今日では「故宮」と呼ばれ、世界中からの観光客を迎えている。

　古都北京では、数多くの老舗がある。料理屋といえば、北京ダックで知られる全聚徳、羊肉しゃぶしゃぶで有名な東来順、宮廷料理を再現してくれる倣膳などを思い浮かべるが、天福号(てんふくごう)の醤肘子(ジアンジオズ)（豚の足の肉を醤油と香辛料で煮込んだもの）、月盛斎(げっせいさい)の醤羊肉(ジアンヤンロウ)（羊肉を秘伝の古くから受け継がれたスープで煮込んだもの）も忘れがたい老舗の味である。すでに失われたものだが、北京の茶菓子の一つ、瑞芳斎(ずいほうさい)の奶油薩其馬(ナイユーサチマ)（薩其馬とは満州語からの言葉で、バター、卵や砂糖を入れた小麦粉をこね、細かく切って油で揚げたのち、蜂蜜や飴で固め長方形に切ったお菓子、奶油は内モンゴル産のバター、牛の胃袋に詰め、北京に運んだらしい）は、その名を耳にするだけで、その芳醇なる香りが伝わってくるような気がする。

　　成吉思汗　Chéngjísīhàn　　　　北京烤鸭　Běijīng kǎoyā
　　忽必烈　Hūbìliè　　　　　　　　涮羊肉　shuànyángròu
　　马可波罗　Mǎkěbōluó　　　　　酱肘子　jiàng zhǒuzi
　　奶油萨其马　nǎiyóu sàqímǎ

第八课　　你会游泳吗?

●基本文型●

□ 你　会　游泳　吗?
　　Nǐ　huì　yóuyǒng　ma?

□ 你　能　游　多远　了?
　　Nǐ　néng　yóu　duōyuǎn　le?

□ 这里　的　网球场，　学生　可以　免费　使用。
　　Zhèli　de　wǎngqiúchǎng,　xuésheng　kěyǐ　miǎnfèi　shǐyòng.

□ 网球场　要　事先　预约。
　　Wǎngqiúchǎng　yào　shìxiān　yùyuē.

□ 下　星期　有　汉语　水平　考试，　我　得　复习　功课。
　　Xià　xīngqī　yǒu　Hànyǔ　shuǐpíng　kǎoshì,　wǒ　děi　fùxí　gōngkè.

●会話9●

（ある日、体育館の前で美玲さんは王さんとばったり会いました。）

井上: 小王，好久不见！你来健身啊?
Jǐngshàng: XiǎoWáng, hǎojiǔ bú jiàn! Nǐ lái jiànshēn a?

王: 好久不见！我来学游泳。美玲，你会游泳吗?
Wáng: Hǎojiǔ bú jiàn! Wǒ lái xué yóuyǒng. Měilíng, nǐ huì yóuyǒng ma?

井上: 我会游泳。
Jǐngshàng: Wǒ huì yóuyǒng.

王: 我还不太会。
Wáng: Wǒ hái bú tài huì.

井上: 你能游多远了?
Jǐngshàng: Nǐ néng yóu duōyuǎn le?

王： Wáng:	我 刚 能 游 五十 米。你 喜欢 什么 运动？ Wǒ gāng néng yóu wǔshí mǐ. Nǐ xǐhuan shénme yùndòng?	

井上：我 喜欢 打 网球。
Jǐngshàng: Wǒ xǐhuan dǎ wǎngqiú.

王：你 知道 吗？这里 的 网球场，学生 可以
Wáng: Nǐ zhīdao ma? Zhèli de wǎngqiúchǎng, xuésheng kěyǐ

免费 使用。
miǎnfèi shǐyòng.

井上：是 室内 网球场，还是 室外 网球场？
Jǐngshàng: Shì shìnèi wǎngqiúchǎng, háishi shìwài wǎngqiúchǎng?

王：室内 的，只是 要 事先 预约。
Wáng: Shìnèi de, zhǐshì yào shìxiān yùyuē.

井上：好，有 时间 我 去 看看。
Jǐngshàng: Hǎo, yǒu shíjiān wǒ qù kànkan.

王：明天 星期六，你 想 不 想 看 电影？
Wáng: Míngtiān xīngqīliù, nǐ xiǎng bu xiǎng kàn diànyǐng?

井上：想 看，可是 不行，下 星期 有 汉语 水平
Jǐngshàng: Xiǎng kàn, kěshì bùxíng, xià xīngqī yǒu Hànyǔ shuǐpíng

考试，我 得 复习 功课。
kǎoshì, wǒ děi fùxí gōngkè.

王： 是 吗？ 好 吧， 加油 啊， 回头 见！
Wáng: Shì ma? Hǎo ba, jiāyóu a, huítóu jiàn!

井上： 好， 回头 见！
Jǐngshàng: Hǎo, huítóu jiàn!

新しい単語

好久不见 hǎojiǔ bú jiàn 語句 お久しぶり。

健身 jiànshēn 動 （体力づくりのための）トレーニングをする。→健身房 jiànshēn fáng フィットネスクラブ。

游泳 yóuyǒng 動 泳ぐ、水泳をする。

会 huì 助動 ① 技能として〜ができる。② 可能性として〜するであろう。③ …するのが上手である。

能 néng 助動 ① 能力として〜ができる。② 客観的条件として〜ができる。

游 yóu 動 泳ぐ。

远 yuǎn 形 遠い。

刚 gāng 副 ……したばかり、……して間もない。

米 mǐ 量 メートル。

运动 yùndòng 名 スポーツ。

打网球 dǎ wǎngqiú 動 テニスをする。

知道 zhīdao 動 知る。

网球场 wǎngqiúchǎng 名 テニスコート。

可以 kěyǐ 助動 許可の意味で、〜ができる。〜してよろしい。

免费 miǎnfèi 動 無料にする、ただにする。

使用 shǐyòng 動 使用する。

室内 shìnèi 名 室内。

还是 háishi 接 それとも。

室外 shìwài 名 室外。

只是 zhǐshì 副 ただ……だけだ。

要 yào 助動 ① 意志、希望を表す。〜しようと思う。〜するつもりだ。② 必要、義務を表す。〜する必要がある、〜しなければならない。

事先 shìxiān 副 事前に、前もって。

预约 yùyuē 動 予約する。

想 xiǎng 助動 希望、願望を表す。〜したい。

电影 diànyǐng 名 映画。

可是 kěshì 接 しかし。

不行 bùxíng 語句 だめ、いけません。

下星期 xià xīngqī 名 来週。

考试 kǎoshì ① 動 テストする。② 名 テスト、試験。

汉语水平考试 Hànyǔ shuǐpíng kǎoshì 固 中国教育部主催の中国語の語学検定試験。略称：HSK。

得 děi 助動 やむを得ない事情で、〜しなければならない。

复习 fùxí 動 復習する。おさらいをする。

功课 gōngkè 名 （宿題や予習などの）勉強。

好吧 hǎo ba 語句 文頭に用い、仕方がないという意味を含めて相手に了解や同意を表す。わかった、よかろう。

加油 jiāyóu 動 頑張る。

回头见 huítóu jiàn 語句 またあとで。

● 文法と表現 ●

1 技能、能力を表す助動詞 "会" "能"

中国語では、可能あるいは願望を表す助動詞は "能愿动词" と呼ぶ。一つの助動詞が複数の意味を持つ場合もある。

技能、能力を示す助動詞に "会" と "能" がある。どちらも「……することができる」と訳せるが、"会" はなんらかの技術を習得していることを意味し、"能" はなんらかの能力を持っていることを表す。動作や技能が身に付いていることを表すにはどちらを用いても良いが、あることが具体的にどの程度まで能率を上げうるかを表すには "能" を使う。否定は "不会" と "不能"。

你会不会游泳?	Nǐ huì bu hui yóuyǒng?
我不会开车。	Wǒ bú huì kāichē.
这个机器人会说话。	Zhèige jīqìrén huì shuōhuà.
你能游一百米吗?	Nǐ néng yóu yìbǎi mǐ ma?
我还不能。	Wǒ hái bù néng.
他能弹贝多芬的奏鸣曲。	Tā néng tán Bèiduōfēn de zòumíngqǔ.

* 机器人 —— ロボット。
* 说话 —— 話す。
* 贝多芬 —— ベートーベン。
* 奏鸣曲 —— ソナタ。

2 可能性を示す助動詞 "会" "能" "可以"

可能性を示す助動詞に "会" "能" "可以" がある。

・"会" は推測を含んで「……するはずだ、するだろう」の意味で用いる。否定は "不会"。

今天还会下雨吗?	Jīntiān hái huì xiàyǔ ma?
天晴了，不会下雨了吧。	Tiān qíng le, bú huì xiàyǔ le ba.

* 下雨 —— 雨が降る。
* 天 —— 空。
* 晴 —— 晴れる。

・"能" は客観的条件から判断して「～が可能だ、～ができる」の意味で用いる。否定は "不能"。

明天他能去学校吗?	Míngtiān tā néng qù xuéxiào ma?
他的病还没有好，不能去学校。	Tā de bìng hái méiyou hǎo, bù néng qù xuéxiào.

> *好 ── （病気が）治る。

- "可以"は許可の意味で「〜が可能だ、〜してよろしい」を表す。否定は"不可以"または"不能"を用い、返事の場合はよく"不行"を用いる。

期中考试可不可以带词典？　　　　Qīzhōng kǎoshì kě bu kěyǐ dài cídiǎn?
公园里不可以踢足球。　　　　　　Gōngyuán lǐ bù kěyǐ tī zúqiú.
这儿可以打电话吗？　　　　　　　Zhèr kěyǐ dǎ diànhuà ma?
不行，这儿是自习室，不能打电话。Bùxíng, zhèr shì zìxíshì, bù néng dǎ diànhuà.

> *期中考试 ── 中間テスト。　　*自习室 ── 自習室。
> *带 ── 携帯する、持ち込む。

3 希望、願望を表す助動詞 "想" "要"

希望、願望を表す助動詞に "想" "要" がよく使われる。"想" は「〜したい」と希望に留まる表現だが、"要" は「〜しようとする、〜するつもりだ」とより強い意志や願望が込められる。この場合、"想"、"要" とも否定は "不想" を用いる。

我想去海边游泳。　Wǒ xiǎng qù hǎibiān yóuyǒng.
我要去中国留学。　Wǒ yào qù Zhōngguó liúxué.
我不想去上海。　　Wǒ bù xiǎng qù Shànghǎi.

> *海边 ── 海辺。　　*留学 ── 留学する。

4 「〜しなければならない」を表す助動詞 "要" "得"

"要" "得" はいずれも「〜しなければならない」の意味で用いられるが、"要" は必要性、義務を強調し、"得" はやむをえない理由で、せねばならないというニュアンスが強い。

网球场要事先预约。　Wǎngqiúchǎng yào shìxiān yùyuē.
明天有期末考试，今天我得复习功课。
　　　　　　　　　Míngtiān yǒu qīmò kǎoshì, jīntiān wǒ děi fùxí gōngkè.

> *期末考试 ── 期末試験。

この場合の "要" の否定は "不要"、"不用" の二通りある。"不要" は禁止の意味で、〜しないよ

第八课　85

うに。"不用"は必要、義務の否定で、～することはない。

"得"の否定は"不用"を用いる。～することはない、～しなくてよい。

你们不要在图书馆聊天。　　　　Nǐmen búyào zài túshūguǎn liáotiān.

今天是星期天，我不用去学校。　Jīntiān shì xīngqītiān, wǒ búyòng qù xuéxiào.

> ＊聊天 ── おしゃべりをする。

5 選択疑問文

"(是) A 还是 B" という形で用いられ、「A かそれとも B か」とどちらかを選択させる疑問文。

那是室内网球场，还是室外网球场?

Nà shì shìnèi wǎngqiúchǎng, háishi shìwài wǎngqiúchǎng?

你喜欢吃中国菜，还是日本菜?　Nǐ xǐhuan chī Zhōngguócài, háishi Rìběncài?

这本词典贵，还是那本词典贵?　Zhèi běn cídiǎn guì, háishi nèi běn cídiǎn guì?

● 置き換えて言おう ●

［一］你会游泳吗?

> 滑雪（huáxuě　スキーをする）
> 滑冰（huábīng　スケートをする）
> 打棒球（dǎ bàngqiú　野球をする）
> 说英语（shuō Yīngyǔ　英語を話す）
> 打麻将（dǎ májiàng　麻雀をする）
> 下国际象棋（xià guójì xiàngqí　チェスをする）

［二］不要在这儿游泳。

> 抽烟（chōuyān　タバコを吸う）
> 拍照（pāizhào　写真をとる）
> 说笑（shuōxiào　談笑する）
> 吃零食（chī língshí　おやつを食べる）
> 丢垃圾（diū lājī　ゴミを捨てる）
> 使用手机（shǐyòng shǒujī　携帯を使う）

● ドリル ●

一 発音を聞き（　）内に語句を書き入れ、文の意味を日本語に訳しなさい。
1 你（　　　　　　）游泳吗?
2 你（　　　　　　）游一百米吗?
3 这儿（　　　　　　）拍照吗?
4 你想喝咖啡，（　　　　　　）喝红茶?　　（红茶 hóngchá：紅茶）
5 他（　　　　　　）去美国留学。

二 次の単語のピンインを書いて音読し、その意味を日本語に訳しなさい。
1 健身
2 运动
3 打网球
4 事先
5 免费

三 次のピンインの文を簡体字に直し、その意味を日本語に訳しなさい。
1 Hǎojiǔ bú jiàn!
2 Wǒ lái xué yóuyǒng.
3 Bú yào zài zhèr chī língshí.
4 Yǒu shíjiān wǒ qù kànkan.
5 Xīngqītiān wǒ búyòng qù xuéxiào.

四 下記の語句を日本語の意味になるように、正しい順番に並べ替えなさい。
1 可以 / 学生 / 使用 / 网球场 / 这 / 个 / 免费
（このテニスコート、学生はただで使うことができます。）
2 家 / 事先 / 饭店 / 这 / 预约 / 要（このレストラン、事前に予約する必要があります。）
3 想 / 看 / 星期六 / 电影 / 不想 / 这个 / 你（この土曜日、あなたは映画を見たいですか。）
4 考试 / 下星期 / 有 / 得 / 我 / 复习功课
（来週は試験があります。私は復習をしなければなりません。）
5 你 / 骑 / 吗 / 会 / 自行车（あなたは自転車に乗れますか。）

五 次の文を中国語に訳しなさい。
1 あなたはどんなスポーツが好きですか。
2 私はスキーと水泳が好きです。
3 妹はまだあまり英語が話せません。
4 公園にゴミを捨てないでください。
5 彼はいつもここにテニスをしに来ます。

ユニット練習3（第六課～第八課）

一　次の文章を日本語に訳し、朗読しよう。

我叫张刚，是北京人。我喜欢旅游。我的专业是建筑设计，我最喜欢的日本建筑是金阁寺。我对日本的动画片非常感兴趣，看过《海贼王》和《火影忍者》，它们在中国非常有名。我还喜欢日本料理，特别喜欢吃寿司和拉面。我想去日本旅游。

Wǒ jiào Zhāng Gāng, shì Běijīngrén. Wǒ xǐhuan lǚyóu. Wǒ de zhuānyè shì jiànzhù shèjì, wǒ zuì xǐhuan de Rìběn jiànzhù shì Jīngésì. Wǒ duì Rìběn de dònghuàpiàn fēicháng gǎn xìngqu, kànguo «Hǎizéiwáng» hé «Huǒyǐng rěnzhě», tāmen zài Zhōngguó fēicháng yǒumíng. Wǒ hái xǐhuan Rìběn liàolǐ, tèbié xǐhuan chī shòusī hé lāmiàn. Wǒ xiǎng qù Rìběn lǚyóu.

＊旅游　lǚyóu　旅行する、観光する。
＊最　zuì　もっとも。
＊金阁寺　Jīngésì　金閣寺。
＊动画片　dònghuàpiàn　アニメーション。
＊《海贼王》　Hǎizéiwáng　『ワンピース』。
＊《火影忍者》　Huǒyǐng rěnzhě　『NARUTO―ナルト―』。
＊有名　yǒumíng　有名である、有名な。
＊日本料理　Rìběn liàolǐ　日本料理。
＊寿司　shòusī　すし。
＊拉面　lāmiàn　ラーメン。

二　下に挙げた中から単語を選んで、絵の内容を中国語で説明してみよう。

唐东 / 小红 / 爸爸 / 哥哥 / 和 / 去 / 过 / 北京 / 天安门（Tiān'ānmén　天安門）/ 天坛公园 / 万里长城 / 没 / 金阁寺 / 东京塔（Dōngjīngtǎ　東京タワー）/ 巴黎 / 埃菲尔铁塔（Āifēi'ěr tiětǎ　エッフェル塔）/ 有名 / 喜欢 / 想 / 要 / 一起 / 去 / 旅游 / 看 / 喜欢 / 春假 / 寒假（hánjià　冬休み）/ 暑假（shǔjià　夏休み）/ 今年 / 明年

● コラム　中国留学の勧め

気軽な短期語学留学

　中国のいくつかの大学では、春休みや夏休みを利用して一ヶ月前後の短期語学留学のカリキュラムを設けているところがある。語学留学と現地の文化体験が一つになったタイプが多く、語学の授業は、大学の留学生向けのカリキュラムのほか、民間の語学学校のクラスで学ぶこともある。短期間であるため、中国語の上達を目的とするよりも体験としての要素が強くなるのが特徴である。

漢語進修生としての語学留学

　しっかりと中国語を学ぶのに適した中、長期留学コースである。中国の各大学の「漢語進修生」（語学留学生）として、外国人向けの語学研修クラスを受けるのが一般的である。「漢語進修生」の学生はすべて外国人で、入学試験もなく、高卒であれば誰でも入学できるので、中国留学では一番人数の多いタイプである。半年から二年まで留学することが可能で、入学時のレベルチェックテストで、能力別クラスに分けて授業が行われ、終了時には、修了書が発行される。

正規の学部留学と大学院

　中国人が専門分野を学ぶ本科で、留学生も中国人と同じ授業を受けるのが、正規の学部留学である。中、上級の中国語の力が必要で、目安としては文科系の学部で漢語水平考試（HSK）6級以上（2010年以前の試験）、理科系の学部では大学によって4級か5級が必要になる。通常現地で一年程度の語学研修を受けて本科試験に合格して入学というのが一般的な流れで、漢語進修生の修了書があって、HSKで規定の級をクリアしていれば、その語学力に応じて、本科の2年か3年次への編入を認める大学もある。なお学部留学のほか、日本の大学院にあたる「研究生院」への留学もあり、「硕士研究生」は日本の修士課程、「博士研究生」は博士課程に相当する。

漢語水平考試（HSK）

　中国の教育部（日本の文部科学省に相当）が設けた、中国語を母語としない学習者のための中国語能力認定試験のことである。2010年より水平考試は全面改定され、これまでは基礎・初中級・高等の3レベルに分けられ、さらに基礎の1級から、高等の11級まで細かく分けられていたが、改訂後は「筆記試験」では1級から6級、「口頭試験」は初級、中級、高級の3レベルに分けられている。

　　汉语进修生　Hànyǔ jìnxiūshēng　　　硕士研究生　shuòshì yánjiūshēng
　　本科　běnkē　　　　　　　　　　　　博士研究生　bóshì yánjiūshēng
　　汉语水平考试　Hànyǔ shuǐpíng kǎoshì

［参考文献］『中国留学サクセスブック』（イカロス出版）

ユニット4

予定、感想について話そう！

第 九 课   我准备春节前去丽江旅游。

● 基本文型 ●

□ 我 正 在 上网 呢。
　Wǒ zhèng zài shàngwǎng ne.

□ 你 寒假 打算 怎么 过?
　Nǐ hánjià dǎsuan zěnme guò?

□ 我 准备 春节 前 去 丽江 旅游。
　Wǒ zhǔnbèi Chūnjié qián qù Lìjiāng lǚyóu.

□ 如果 你 有 时间 的话, 就 跟 我 一起 去 吧。
　Rúguǒ nǐ yǒu shíjiān dehuà, jiù gēn wǒ yìqǐ qù ba.

● 会話 10 ●

B-43

（鈴木さんは張さんに電話して、冬休みの予定を聞いています。）

张: 喂, 你 好!
Zhāng: Wéi, nǐ hǎo!

铃木: 喂, 你 好, 小张,
Língmù: Wéi, nǐ hǎo, XiǎoZhāng,

　　　我 是 铃木, 你
　　　wǒ shì Língmù, nǐ

　　　在 做 什么 呢?
　　　zài zuò shénme ne?

张: 铃木 你 好, 我 正 在 上网 呢。
Zhāng: Língmù nǐ hǎo, Wǒ zhèng zài shàngwǎng ne.

铃木: 快要 到 寒假 了, 你 寒假 打算 怎么 过?
Língmù: Kuàiyào dào hánjià le, nǐ hánjià dǎsuan zěnme guò?

张: 我 准备 春节 前 去 丽江 旅游, 住住 客栈,
Zhāng: Wǒ zhǔnbèi Chūnjié qián qù Lìjiāng lǚyóu, zhùzhu kèzhàn,

　　　　　逛逛　　古城。
　　　　　guàngguang gǔchéng.

铃木：　真　好。你　打算　自己　去　吗？
Língmù: Zhēn hǎo. Nǐ dǎsuan zìjǐ qù ma?

张：　如果　你　有　时间　的话，就　跟　我　一起　去
Zhāng: Rúguǒ nǐ yǒu shíjiān dehuà, jiù gēn wǒ yìqǐ qù
　　　吧。
　　　ba.

铃木：　太　好　了！我　不但　有　时间，而且　还　有　一
Língmù: Tài hǎo le! Wǒ búdàn yǒu shíjiān, érqiě hái yǒu yì
　　　颗　爱　旅游　的　心！
　　　kē ài lǚyóu de xīn!

张：　哈哈，你　真　幽默！问问　美玲　去　不　去。
Zhāng: Hāha, nǐ zhēn yōumò! Wènwen Měilíng qù bu qu.

铃木：　美玲　恐怕　不行，她　正在　忙　着　准备　托福
Língmù: Měilíng kǒngpà bùxíng, tā zhèngzài máng zhe zhǔnbèi Tuōfú
　　　考试　呢。
　　　kǎoshì ne.

张：　哦？她　要　去　美国　留学　吗？
Zhāng: Ó? Tā yào qù Měiguó liúxué ma?

铃木：　对，因为　她　打算　将来　去　外企　工作，所以
Língmù: Duì, yīnwèi tā dǎsuan jiānglái qù wàiqǐ gōngzuò, suǒyǐ
　　　准备　明年　去　美国　留学。
　　　zhǔnbèi míngnián qù Měiguó liúxué.

新しい単語

- 喂 wèi [感] 呼びかけに用いる。おい、もしもし。電話では wéi と発音することが多い。
- 在 zài [副] 動詞の前に置き、動作が進行中であることを示す。～しているところ。
- 呢 ne [文末・助] ① 平叙文の文末に用い、進行中の状態を表す。② 疑問文の文末に用い、答えを促す語気を表す。
- 正 zhèng [副] まさに、ちょうど。
- 上网 shàngwǎng [動] インターネットをする。
- 快要 kuàiyào [副] もうすぐ～する、まもなく～になる。
- 到 dào [動] 到着する、達する。
- 寒假 hánjià [名] 冬休み。
- 打算 dǎsuan [動] ～するつもりである。
- 怎么 zěnme [疑・代] どのように。動詞の前に置いて、方法を尋ねるのに用いる。
- 过 guò [動] 過ごす。
- 准备 zhǔnbèi [動] ① ～する予定である。～することになっている。② 用意する。
- 春节 Chūnjié [固] 春節、中国の旧正月。
- 丽江 Lìjiāng [固] 麗江。中国雲南省にある観光地。
- 旅游 lǚyóu [動] 旅行する、観光する。
- 住 zhù [動] 住む、宿泊する。
- 客栈 kèzhàn [名] 民宿。
- 逛 guàng [動] ぶらつく、遊覧する。
- 古城 gǔchéng [名] 古城。旧市街地。
- 如果 rúguǒ [接] 仮定を示す。もし、もしも。
- 的话 dehuà [助] 仮定を表す文の後ろにつけて、～ならば、～だったら。
- 就 jiù [副] "如果…, 就…"の形で用い、もし…ならば（その場合は）、…する。
- 跟 gēn [前] …と、共に。
- 不但 búdàn [接] だけでなく、のみでなく。
- 而且 érqiě [接] なおかつ。
- 颗 kē [量] 心、宝石、星など比較的小さい球状のものの数を数えるのに用いる。個、粒。
- 爱 ài [動] 愛する。
- 心 xīn [名] 心。
- 哈哈 hāha [擬音詞] 豪快な笑い声、はは。
- 幽默 yōumò [形] ユーモアがある。
- 问 wèn [動] 訊く。
- 恐怕 kǒngpà [副] おそらく。……であろう。
- 忙 máng [動] 急いでいる。忙しく働く。
- 托福考试 Tuōfú kǎoshì [固] TOEFL
- 因为 yīnwèi [接] 原因、理由を示す。……のために。
- 将来 jiānglái [名] 将来。
- 外企 wàiqǐ [名] 外資系企業。"外资企业"の略称。
- 明年 míngnián [名] 来年。

●文法と表現●

1 動作の進行態

動詞の前に"在""正""正在"を入れるか、文末に"呢"を入れることで、動作や状態が進行中であることを表すことができる。

铃木在听音乐。　　　　Língmù zài tīng yīnyuè.
我们正等你呢。　　　　Wǒmen zhèng děng nǐ ne.
弟弟正做作业呢。　　　Dìdi zhèng zuò zuòyè ne.
他们正在打麻将。　　　Tāmen zhèng zài dǎ májiàng.
我们聊天呢。　　　　　Wǒmen liáotiān ne.

2 動作の持続を表す"着" （p.69「文法と表現」3と同じ）

「動詞＋着」の形で、動作が持続している、または動作の結果が状態として続いていることを示す。

我们喝着茶，看着电视。　　Wǒmen hē zhe chá, kàn zhe diànshì.
美玲正忙着写报告呢。　　　Měilíng zhèng máng zhe xiě bàogào ne.
外边下着雪，窗户开着。　　Wàibiān xià zhe xuě, chuānghu kāi zhe.
他穿着新 T 恤衫。　　　　　Tā chuān zhe xīn T xùshān.

＊写报告 —— レポートを書く。　　＊穿 —— 身にまとう。
＊下雪 —— 雪が降る。　　　　　　＊T 恤衫 —— Tシャツ。
＊窗户 —— 窓。

3 動作の方式を表す"着"

「動詞＋着」のフレーズで述語を修飾し、動作の方式、状況を説明する。

我每天走着上学。　　Wǒ měitiān zǒu zhe shàngxué.
她经常笑着说话。　　Tā jīngcháng xiào zhe shuōhuà.

＊走 —— 歩く。

4 接続詞 "如果……，就……" "不但……，而且……" "因为……，所以……"

1. 仮定の表現

仮定を表すには、「如果……（的话），就……（もし……ならば、……）」の文型が一般的である。接続詞"如果"の代わりに、"要是 yàoshi""假如 jiǎrú"なども用いられる。前半の文末にしばしば"的话"を付けるが、この場合、文頭の"如果"などの接続詞がなくても仮定文は成立する。後半の文に用いる"就"はしばしば省略される。

如果我有时间的话，就和你一起去。　　Rúguǒ wǒ yǒu shíjiān dehuà, jiù hé nǐ yìqǐ qù.
如果你想知道的话，（就）去问他吧。　Rúguǒ nǐ xiǎng zhīdao dehuà, (jiù) qù wèn tā ba.
（要是）你能来的话，那（就）太好了。　(Yàoshi) nǐ néng lái dehuà, nà (jiù) tài hǎo le.

假如我是你的话，我（就）不会同意。 Jiǎrú wǒ shì nǐ dehuà, wǒ (jiù) bú huì tóngyì.

> ＊同意 —— 賛成する。

2. 添加関係の表現

一つの状況にもう一つの要素を付け加えるという添加関係を表すには、"不但……，而且……（……のみならず、……だ）"を用いる。

他不但会说英语，而且还会说德语。
Tā búdàn huì shuō Yīngyǔ, érqiě hái huì shuō Déyǔ.

中国菜不但好吃，而且价钱便宜。 Zhōngguócài búdàn hǎochī, érqiě jiàqián piányi.

> ＊德语 —— ドイツ語。　　＊价钱 —— 値段。

3. 因果関係の説明

因果関係を表すには、「因为……，所以……（……だから、……である）」の文型が一般的だが、原因を導く"因为"、結果を導く"所以"のどちらか片方のみ用いられる場合もある。

因为今天是星期天，所以食堂休息。
Yīnwèi jīntiān shì xīngqītiān, suǒyǐ shítáng xiūxi.

我最近很忙，因为快要期末考试了。
Wǒ zuìjìn hěn máng, yīnwèi kuàiyào qīmò kǎoshì le.

弟弟不喜欢运动，所以他经常感冒。
Dìdi bù xǐhuan yùndòng, suǒyǐ tā jīngcháng gǎnmào.

> ＊感冒 —— 風邪をひく。

● 置き換えて言おう ●

B-49

［一］我正在上网。

> 吃午饭（chī wǔfàn　昼食を食べる）
> 找工作（zhǎo gōngzuò　職を探す）
> 查地图（chá dìtú　地図を調べる）
> 睡觉（shuìjiào　寝る）

> 逛街（guàngjiē　街をぶらつく）
> 下载软件（xiàzǎi ruǎnjiàn　ソフトをダウンロードする）

［二］你打算去<u>旅游</u>吗?

> 实习（shíxí　インターンをする）
> 看病（kànbìng　診療を受ける）
> 理发（lǐfà　散髪をする）
> 买票（mǎi piào　チケットを買う）
> 约会（yuēhuì　デートをする）

● ドリル ●

一　発音を聞き（　）内に語句を書き入れ、文の意味を日本語に訳しなさい。
1　快要（　　　　　）寒假了。
2　我（　　　　　）（　　　　　　　）上网。
3　我准备春节（　　　　　　）去丽江。
4　如果你有时间的话，（　　　　　　）跟我一起去吧。
5　我忙（　　　　　　）写报告呢。

二　次の単語のピンインを書いて音読し、その意味を日本語に訳しなさい。
1　托福
2　春节
3　客栈
4　古城
5　幽默

三　次のピンインの文を簡体字に直し、その意味を日本語に訳しなさい。
1　Nǐ Chūnjié dǎsuan zěnme guò?
2　Wǒ zhǔnbèi zài jiā xiūxi.
3　Tā chuān zhe xīn T xùshān.
4　Wǒ dǎsuan jiānglái qù wàiqǐ gōngzuò.
5　Mèimei xīngqītiān jīngcháng qù guàngjiē.

四 下記の語句を日本語の意味になるように、正しい順番に並べ替えなさい。
1 我 / 你 / 如果 / 是 / 会 / 同意 / 不 / 的话 / 就 / 我
　　　　　　　　　　　　　（もし私があなただったら、賛成しないでしょう。）
2 他 / 说 / 英语 / 德语 / 会 / 不但 / 说 / 而且 / 会
　　　　　　　　　　　　　（彼は英語のみならず、ドイツ語も話せます。）
3 因为 / 我 / 快要 / 期末 / 最近 / 忙 / 考试 / 很 / 了
　　　　　　　（私は最近とても忙しいです。なぜならもうすぐ期末試験ですから。）
4 呢 / 我们 / 你 / 着 / 等 / 正（私たちはちょうどあなたを待っているところです。）
5 感冒 / 大学 / 所以 / 我 / 没 / 我 / 去 / 了 / 今天
　　　　　　　　　　　（私は風邪を引いた、だから今日は大学に行きませんでした。）

五 次の文を中国語に訳しなさい。
1 私は就職活動をしています。
2 鈴木さんは来月からインターンに行く予定です。
3 私は毎日歩いて通学する。
4 外に雪が降っていて、窓が開いています。
5 彼は最近レポートを書いています。

●コラム　伝統行事と祝日

　中国では旧暦で数える伝統祝祭日が多くある。なかでも旧正月である「春節(しゅんせつ)」は最もにぎやかで、しかも盛大に祝う祝日である。大みそかの夜、一家は団らんして、「餃子」を食べながら、中央テレビ局の生放送番組 "**春晚**"（交歓の夕べ）を楽しむ。親や親戚からお年玉をもらった子供たちは、陽気に走り回り、爆竹を鳴らし、花火を見る。春節期間はあっちこっち祝賀ムードに包まれ、喜びに満ちあふれている。

　旧正月が過ぎた二週間後の旧暦十五日は「元宵節」である。人々は糯米でつくった団子の "**汤圆**"(タンユアン) を食べ、灯籠祭りの "**灯会**"(デンホイ) を見に行く。飾り灯籠には、なぞなぞが書かれていて、それをあてる遊びは元宵節の楽しみの一つである。

　次にまわってくる四月の「清明節」は、祖先を祭る祭日で、お墓参りをして、亡くなった肉親を供養する。紙で作ったお金や生活用品を焼いて、あの世にいる親族に送る習俗は今も農村地域ではよく見られている。

　旧暦五月五日の「端午節」には、糯米に棗やお肉を入れて竹や笹の葉っぱで包んで蒸したちまきを食べる。戦国時代楚の詩人屈原を祭ることから始まったらしい。南の沿海地域では、竜船レースを行う習慣がある。

　旧暦の八月十五日は「中秋節」である。月見をしながら、供えた月餅を一家で分けて食べる習慣がある。その頃になると、店の食品売り場にはさまざまな月餅が並べられていて、親戚、友人に贈るのにもってこいなお土産である。

　これらの伝統行事を除いて、現代中国の祝日はほかにもある。建国記念日の「国慶節」（十月一日）、それにメーデーの「国際労働節」（五月一日）は、その代表的な祝日である。

春节　Chūnjié	清明节　Qīngmíngjié
联欢晚会　liánhuān wǎnhuì	烧纸钱　shāo zhǐqián
压岁钱　yāsuìqián	端午节　Duānwǔjié
元宵节　Yuánxiāojié	粽子　zòngzi
汤圆　tāngyuán	中秋节　Zhōngqiūjié
灯会　dēnghuì	月饼　yuèbǐng
国庆节　Guóqìngjié	国际劳动节　Guójìláodòngjié

第 十 课　　你说汉语说得越来越地道了。

● 基本文型 ●

□ 你　说　汉语　说得　越来越　地道　了。
　　Nǐ　shuō　Hànyǔ　shuōde　yuèláiyuè　dìdào　le.

□ 我们　在　丽江　住　了　一　个　星期。
　　Wǒmen　zài　Lìjiāng　zhù　le　yí　ge　xīngqī.

□ 你们　知道　王　博　考上　研究生　了　吗？
　　Nǐmen　zhīdao　Wáng　Bó　kǎoshang　yánjiūshēng　le　ma?

● 会話 11 ●

（冬休み明け、四人は久しぶりに会いました。）

王：　　　铃木，听说　你　和　张　刚　寒假　去　了　丽江，
Wáng:　　Língmù, tīngshuō nǐ hé Zhāng Gāng hánjià qù le Lìjiāng,

　　　　你们　玩　得　怎么样？
　　　　nǐmen wán de zěnmeyàng?

铃木：　　我们　在　丽江　玩　得　相当　高兴！丽江　既
Língmù:　Wǒmen zài Lìjiāng wán de xiāngdāng gāoxìng! Lìjiāng jì

　　　　悠闲　又　浪漫，真　是　名不虚传。
　　　　yōuxián yòu làngmàn, zhēn shì míngbùxūchuán.

王：　　　铃木，你　说　汉语　说　得　越来越　地道　了。
Wáng:　　Língmù, nǐ shuō Hànyǔ shuō de yuèláiyuè dìdào le.

铃木：　　是　吗？谢谢。
Língmù:　Shì ma? Xièxie.

井上：　　你们　在　丽江　住　了　几　天？
Jǐngshàng: Nǐmen zài Lìjiāng zhù le jǐ tiān?

铃木：　　我们　在　丽江　住　了　一　个　星期。
Língmù:　Wǒmen zài Lìjiāng zhù le yí ge xīngqī.

张： 对 了， 你们 知道 王 博 考上 研究生 了 吗？
Zhāng: Duì le, nǐmen zhīdao Wáng Bó kǎoshang yánjiūshēng le ma?

井上： 真的？ 小王， 祝贺 你！ 那 你 的 工作 怎么 办？
Jǐngshàng: Zhēnde? XiǎoWáng, zhùhè nǐ! Nà nǐ de gōngzuò zěnme bàn?

王： 谢谢， 我 辞职 了。 我 打算 好好儿 充电。
Wáng: Xièxie, wǒ cízhí le. Wǒ dǎsuan hǎohāor chōngdiàn.

张： 美玲， 你 的 托福 考 得 怎么样？
Zhāng: Měilíng, nǐ de Tuōfú kǎo de zěnmeyàng?

井上： 刚 考完， 还 不 知道 成绩 呢。
Jǐngshàng: Gāng kǎowán, hái bù zhīdao chéngjì ne.

新しい単語

听说 tīngshuō 動 聞くところによれば、～だそうだ。
玩 wán 動 遊ぶ。
得 de 助 程度や状態を示す補語を導き、動作の補足説明をする。
怎么样 zěnmeyàng 語句 どうだ。
既……又…… jì…… yòu…… 接 ……であるばかりでなく、……でもある。
悠闲 yōuxián 形 ゆったりとしている、のんびりとしている。
浪漫 làngmàn 形 ロマンチックである。
名不虚传 míngbùxūchuán 成語 名に恥じない。
越来越 yuèláiyuè 副 ますます。

地道 dìdào 形 本場ものである。生粋である。	好好儿 hǎohāor 副 ちゃんと、よく、思う存分。
考上 kǎoshang 動 受かる。	充电 chōngdiàn 動 ① 充電する。② 知識を得たり、スキルを習得したりする。
研究生 yánjiūshēng 名 院生。	
真 zhēn 形 真実だ、本当に。	考 kǎo 動 試験を受ける。試験をする。
祝贺 zhùhè 動 祝う、祝賀する。	完 wán 動 ① 終わる。②（動詞の補語として）～し終わる。
怎么办 zěnme bàn 語句 どうする。	
辞职 cízhí 動 辞職する。	成绩 chéngjì 名 成績。

●文法と表現●

1 様態・程度補語
B-53

補語とは述語の動詞や形容詞の後に用い、述語に補足説明を施す言葉である。よく使われるものに「様態・程度補語」「結果補語」「数量補語」の三種類がある。

動作進行の程度、状態を表すのが「様態・程度補語」であり、通常助詞の"得"によって導かれる。

她来得很晚。　　Tā lái de hěn wǎn.
我走得慢。　　　Wǒ zǒu de màn.
他吃得特别快。　Tā chī de tèbié kuài.

目的語をとる動詞であれば、その動詞を繰り返す必要がある。場合によっては、先にくる動詞を省略してもよい。

她做菜做得相当好。　　Tā zuòcài zuò de xiāngdāng hǎo.
她打网球打得不错。　　Tā dǎ wǎngqiú dǎ de bú cuò.

> ＊做菜 ―― 料理を作る。　　｜＊不错 ―― 悪くない。

2 結果補語と可能表現
B-54

「結果補語」は、動作や行為の結果を示す。動詞と結果補語との結合を一種の「複合動詞」として捉える立場もある。

考　kǎo（試験を受ける）　　考上　kǎoshang（受かる、合格する）
见　jiàn（見る、会う）　　　见到　jiàndào（見かける、会える）

买 mǎi（買う）　　　　　买到 mǎidào（手に入れる）
听 tīng（聞く）　　　　　听懂 tīngdǒng（聞いて分かる）
学 xué（学ぶ）　　　　　学会 xuéhuì（習得する）
喝 hē（飲む）　　　　　　喝醉 hēzuì（酔っぱらう）
吃 chī（食べる）　　　　　吃饱 chībǎo（腹いっぱいに食べる）

結果補語がつくと、動作や行為がすでに終了したことを意味するので、その否定文には"没"あるいは"没有"を使う。

他没学会冲浪。　　Tā méi xuéhuì chōnglàng.
我没有喝醉。　　　Wǒ méiyou hēzuì.

＊冲浪 ── サーフィン。

結果補語の可能表現として、助動詞の"能""可以"を用いる場合もあるが、慣習として、可能を表すには、動詞と結果補語の間に"得"を、不可能を表すには"不"を入れる。

他能考上东京大学吗?　　　　　　　Tā néng kǎoshang Dōngjīng dàxué ma?
你听得懂古典音乐吗?　　　　　　　Nǐ tīngdedǒng gǔdiǎn yīnyuè ma?
我听不懂古典音乐。　　　　　　　 Wǒ tīngbudǒng gǔdiǎn yīnyuè.
钱可以买到书，但是买不到知识。　Qián kěyǐ mǎidào shū, dànshì mǎibudào zhīshi.

＊古典音乐 ── クラシック音楽。　　＊知识 ── 知識。
＊钱 ── お金。

3 数量補語の位置

動作の数量、回数、持続時間などを表す言葉は「数量補語」という。文中における数量補語の位置は次のとおりである。ただし、話題の提示として、目的語を冒頭にもってくる場合もある。

主語	動詞	数量補語	目的語

他去过三次美国。　　　　　Tā qùguo sān cì Měiguó.
我学了一年汉语。　　　　　Wǒ xué le yì nián Hànyǔ.
我们坐了五个小时火车。　　Wǒmen zuò le wǔ ge xiǎoshí huǒchē.
我在上海住过半年。　　　　Wǒ zài Shànghǎi zhù guo bàn nián.
这部电影我看了两遍。　　　Zhèi bù diànyǐng wǒ kàn le liǎng biàn.

> *次 ── 回。
> *火车 ── 汽车。
>
> *遍 ── 回（最初から最後までの全過程を強調する）

4 文を従える動詞 "听说" "知道"

听说他春假要去中国留学。　Tīngshuō tā chūnjià yào qù Zhōngguó liúxué.
（我）听说你最近住院了。　(Wǒ) tīngshuō nǐ zuìjìn zhùyuàn le.
你知道他考上了哪个大学吗？　Nǐ zhīdao tā kǎoshang le něige dàxué ma?
我知道他不会来。　Wǒ zhīdao tā bú huì lái.

> *住院 ── 入院する。

5 祝福の表現

祝贺你！　Zhùhè nǐ!（おめでとうございます。）
恭喜，恭喜！　Gōngxǐ, gōngxǐ!（おめでとうございます。）
祝你生日快乐！　Zhù nǐ shēngrì kuàilè!（お誕生日おめでとうございます。）
祝你圣诞快乐！　Zhù nǐ Shèngdàn kuàilè!（メリークリスマス！）
祝你成功！　Zhù nǐ chénggōng!（ご成功、お祈りしています。）
新年快乐！　Xīnnián kuàilè!（あけましておめでとうございます。）
过年好！　Guò nián hǎo!（春節おめでとうございます。）（旧正月の挨拶）
寒假愉快！　Hánjià yúkuài!（楽しい冬休みでありますように。）
旅途愉快！　Lǚtú yúkuài!（楽しい旅でありますように。）

●置き換えて言おう●

[一] 她做菜 做得相当好。

弹吉他（tán jítā　ギターを弾く）	弹（tán　弾く）
写文章（xiě wénzhāng　文章を書く）	写（xiě　書く）
滑雪（huáxuě　スキーをする）	滑（huá　滑る）
唱歌（chàng gē　歌を歌う）	唱（chàng　歌う）
画画（huà huà　絵を描く）	画（huà　描く）

[二] 听说他考上了东京大学。

> 他生日过得很愉快。
> （tā shēngrì guòde hěn yúkuài.　彼の誕生日は楽しかった。）
> 他们在丽江住了一个星期。
> （tāmen zài Lìjiāng zhù le yí ge xīngqī.　彼らは麗江に一週間泊まった。）
> 他正在一家公司实习。（tā zhèng zài yì jiā gōngsī shíxí.
> 　彼はちょうどある会社でインターンをしているところだ。）
> 他要去意大利留学。
> （tā yào qù Yìdàlì liúxué.　彼はイタリアに留学しにいく予定だ。）
> 她喜欢听交响乐。
> （tā xǐhuan tīng jiāoxiǎngyuè.　彼女はオーケストラを聞くのが好きだ。）

● ドリル ●

一　発音を聞き（　）内に語句を書き入れ、文の意味を日本語に訳しなさい。
　1　你们玩儿（　　　　　）怎么样?
　2　中国菜（　　　　　）好吃（　　　　　）便宜。
　3　铃木说汉语（　　　　　）越来越地道了。
　4　王博考（　　　　　）了研究生。
　5　美玲（　　　　　）考完托福。

二　次の単語のピンインを書いて音読し、その意味を日本語に訳しなさい。
　1　名不虚传
　2　悠闲
　3　浪漫
　4　怎么办
　5　祝贺

三　次のピンインの文を簡体字に直し、その意味を日本語に訳しなさい。
　1　Wǒ qùguo sān cì Shànghǎi.
　2　Tā xué le sān nián Hànyǔ.
　3　Māma xǐhuan tīng gǔdiǎn yīnyuè.

4　Tīngshuō tā kǎoshang le yánjiūshēng.

5　Zhù nǐ kǎoshì chénggōng!

四　下記の語句を日本語の意味になるように、正しい順番に並べ替えなさい。
1　坐 / 我们 / 飞机 / 半 / 小时 / 三个 / 了（私たちは三時間半飛行機に乗った。）
2　打网球 / 很 / 得 / 美玲 / 打 / 好（美玲さんはテニスがとても上手だ。）
3　电影 / 看 / 部 / 了 / 遍 / 我 / 两 / 这（この映画、私は二回見た。）
4　你 / 考 / 期末 / 的 / 考试 / 得 / 怎么样（あなたの期末試験はどうだった？）
5　充电 / 打算 / 我 / 好好儿 / 春假（春休み私はしっかり充電するつもりだ。）

五　次の文を中国語に訳しなさい。
1　このレストランの料理はとても美味しい。本当に名の通りだ。
2　どこでただでインターネットできるか、あなたは知っていますか。
3　聞くところによると、彼は来年イタリアに留学しに行くそうだ。
4　聞くところによると、彼は昨日酔っぱらったそうだ。
5　王博さんが仕事を辞めたのを知っていますか。

●コラム　中国語のなかの外来語

　言葉は生き物のようで、つねに環境や社会状況の変化、また異文化との接触のなかで変化するものである。中国語は現存する世界最古の言語として、長い歴史のなかで、外来文化を取り入れるたびに、それまでに存在していなかった事物や概念をほかの言語から語彙を借用しつつ、漢字で言葉を創出してきた。すなわち外来語のことである。

　中国語の外来語は主に漢字で表すことになる。発音を漢字の当て字で表す音訳型（"咖啡 kāfēi"コーヒー）、意味を漢字で説明する意訳型（"电脑 diànnǎo"コンピューター）、音訳、意訳の融合を図るもの（"可口可乐 kěkǒu kělè"コカコーラ、"可口"は「口に合う」、"可乐"は「楽しめる」）、「音訳＋類」の形（"迷你裙 mínǐqún"ミニスカート）などがある。

　漢民族の言葉として生まれた中国語だが、歴史において幾たびもあった異文化との大規模な接触、融合のなかで外来語を取り入れてきた。これらの言葉は外来語として中国語のなかで定着し、なかでは長い年月が経ち、外来語であることすら忘れられるほど中国語に馴染んでいるものまである。例えば紀元前2世紀、漢代の張騫が武帝の使者として匈奴に赴いたのをきっかけに、西域・西アジアの情報、物産が中国に入り、"葡萄 pútao"（葡萄）、"胡椒 hújiāo"（胡椒）、"胡萝卜 húluóbo"（人参）などの言葉が生まれた。また、紀元前後に

仏教が中国に伝来したが、"刹那 chànà"（刹那、瞬間）、"慈悲 cíbēi"（慈悲）などの仏教用語は現代中国語の中でも使われている。

19世紀後半から20世紀の初頭にかけて、清末の中国は西欧列強によって国土を分割支配され、半植民地化が進んだ。これに拮抗しながらも、大規模な西洋文化の受容が始まった。"沙发 shāfā"（ソファー）、"幽默 yōumò"（ユーモア）、"浪漫 làngmàn"（ロマンチック）など、西洋の生活様式や考え方を表す言葉が訳語として現れ、定着してきた。さらに20世紀80年代、現代中国の改革開放以来、"超市 chāoshì"（スーパーマーケット）、"热狗 règǒu"（ホットドッグ）、"酷 kù"（クール）などの言葉が生まれた。

現代中国語の外来語の多くは英語からきたものだが、特筆すべきは、近代以降、日本語から驚くほど多くの語彙が中国語に取り入れられたことだ。

19世紀末から20世紀初頭の中国で西洋の学問、概念が受容される過程で、日本語は大きな役割を果たした。明治期の日本では、西洋の思想や学術概念を訳すのに漢語が使われ、これらの和製漢語は翻訳や留学生の紹介によって、中国語として使われるようになった。"经济 jīngjì"（経済）、"社会 shèhuì"（社会）、"数学 shùxué"（数学）、"物理 wùlǐ"（物理）、"民主 mínzhǔ"（民主）、"科学 kēxué"（科学）などがその例である。

時代が下がり、1972年に、日中国交回復が実現し、1978年8月に「日中平和友好条約」が結ばれた。同年の12月に、中国共産党第11期中央委員会第3回全体会議で、中国の国内体制の改革および対外開放政策が決まり、中国の市場経済への転向が始まった。これより日本から中国に大規模な経済進出が始まり、それにともなって、音楽やファッションなど日本の流行文化、マンガ、アニメをはじめとするサブカルチャーは中国の若者層に歓迎された。そのなかで日本語の語彙が中国語として頻繁に使用されるものがあらわれ、次第に中国語として定着してきたものに、"写真 xiězhēn"（写真）、"人气 rénqì"（人気）、"达人 dárén"（達人）、"宅男 zháinán・宅女 zháinǚ"（オタク）などがある。

さらに近年、中国の急速な経済成長とともに、日本に観光しにくる中国人が増えるにつれて、"居酒屋 jūjiǔwū"（居酒屋）、"洋果子 yángguǒzi"（洋菓子）、"和果子 héguǒzi"（和菓子）、"霜降牛肉 shuāngjiàng niúròu"（霜降り牛肉）などの言葉が中国語として定着してきた。一方で、インターネットの普及にともない、マンガ、アニメなど日本の「二次元文化」がリアルタイムで中国に伝わることが可能になり、若者の間で絶大な影響力を持っている。若者層を中心に流行った言葉に、"女优 nǚyōu"（女優）、"声优 shēngyōu"（声優）、"恋人未満友达以上 liànrén wèimǎn yǒudá yǐshàng"（恋人未満友達以上）など枚挙にいとまがない。

上に挙げた日本語からの外来語はほとんど日本語の漢字をそのまま中国語の漢字にして使われているものだが、興味深いことに、近年、日本語を学び、日本留学する人が増えるにつれ、日本語の発音を中国語の当て字に使用する現象もあらわれた。"霓虹 níhóng"（日本）、"卡哇伊 kǎwāyī"（可愛い）、"呷哺呷哺 xiābǔxiābǔ"（しゃぶしゃぶ）、"赛高 sàigāo"（最高）などなど、現代日本語の中国語への影響はますます加速しているようだ。

第十一课　　护照和机票让我放在这儿了。

●基本文型●

□ 护照 和 机票 让 我 放 在 这儿 了。
　 Hùzhào hé jīpiào ràng wǒ fàng zài zhèr le.

□ 我 叫 我 哥哥 开车 送 他。
　 Wǒ jiào wǒ gēge kāichē sòng tā.

□ 你 把 机票 夹 在 护照 里 了。
　 Nǐ bǎ jīpiào jiā zài hùzhào lǐ le.

●会話12●

（鈴木さんが帰国する日になりました。出発前に、四人は張さんの部屋で話をしています。）

铃木： 这 半 年， 我 过 得 非常 开心， 谢谢
Língmù: Zhè bàn nián, wǒ guò de fēicháng kāixīn, xièxie

　　　 你们 的 关照。
　　　 nǐmen de guānzhào.

王： 别客气， 我们 也 很 开心！回去 以后 常
Wáng: Biékèqi, wǒmen yě hěn kāixīn! Huíqù yǐhòu cháng

　　　 联系！
　　　 liánxì!

铃木： 好， 有 机会 你们 一定 来 日本 玩儿，
Língmù: Hǎo, yǒu jīhuì nǐmen yídìng lái Rìběn wánr,

　　　 让 我 好好儿 招待 你们。
　　　 ràng wǒ hǎohāor zhāodài nǐmen.

井上： 铃木， 别 忘 了 带 护照 和 机票！
Jǐngshàng: Língmù, bié wàng le dài hùzhào hé jīpiào!

铃木： 放心 吧， 护照 和 机票 让 我 放 在
Língmù: Fàngxīn ba, hùzhào hé jīpiào ràng wǒ fàng zài

	这儿 了。哎呀，我 的 机票 呢?
	zhèr le. Āiyā, wǒ de jīpiào ne?
张:	刚才 你 把 机票 夹 在 护照 里 了，
Zhāng:	Gāngcái nǐ bǎ jīpiào jiā zài hùzhào lǐ le,
	不 是 吗?
	bú shì ma?
铃木:	对 呀，在 这儿 呢! 真 是 虚惊一场。
Língmù:	Duì ya, zài zhèr ne! Zhēn shì xūjīngyìcháng.
井上:	铃木，祝 你 一路 平安!
Jǐngshàng:	Língmù, zhù nǐ yílù píng'ān!
铃木:	谢谢!
Língmù:	Xièxie.
王:	你 怎么 去 机场 啊? 坐 机场 大巴 吗?
Wáng:	Nǐ zěnme qù jīchǎng a? Zuò jīchǎng dàbā ma?
张:	不，我 叫 我 哥哥 开车 送 他。车 在
Zhāng:	Bù, wǒ jiào wǒ gēge kāichē sòng tā. Chē zài
	外面 等 着 呢。
	wàimiàn děng zhe ne.
王:	是 吗? 那 就 早点儿 出发 吧，省得
Wáng:	Shì ma? Nà jiù zǎodiǎnr chūfā ba, shěngde
	堵车。
	dǔchē.

第十一课 109

张：　　　　　好。铃木，那 咱们 出发 吧！
Zhāng:　　　 Hǎo. Língmù, nà zánmen chūfā ba!

铃木：　　　　好，那 你们 也 多 保重，再见！
Língmù:　　　Hǎo, nà nǐmen yě duō bǎozhòng, zàijiàn!

王、井上：　　多 保重，再见！
Wáng、Jǐngshàng: Duō bǎozhòng, zàijiàn!

新しい単語

半 bàn 数 半分。
开心 kāixīn 形 楽しい、愉快だ。
关照 guānzhào 動 世話をする。目的語の位置にある場合は名詞とみなし、世話をすること。
回 huí 動 帰る、戻る。
回去 huíqù 動 帰っていく、戻っていく。
以后 yǐhòu 方 今後、〜の後。
常 cháng 副 常に、いつも、よく。
联系 liánxì 動 連絡する。
机会 jīhuì 名 機会、チャンス。
一定 yídìng 副 必ず、きっと。
让 ràng ① 前 〜に〜される。② 動 使役表現 〜させる。〜してもらう。
招待 zhāodài 動 もてなす。
别 bié 副 〜するな、〜しないように。
护照 hùzhào 名 パスポート。
机票 jīpiào 名 航空券。
放 fàng 動 置く。
哎呀 āiyā 感 驚きや嘆きの時に発する言葉。あ、あれっ、やれやれ。
呢 ne 助 文脈によって、名詞（句）の後に置き、その居場所や状況を尋ねる。〜は。
刚才 gāngcái 名 たった今、つい先ほど。
把 bǎ 前 動作の対象である目的語に何らかの処置を加える。「把＋目的語＋動詞」のように、目的語を動詞の前に出す形で用いる。〜を（〜する）。
夹 jiā 動 はさむ。
呀 ya 助 文末助詞"啊"の前に来る音節が"a o e i u ü"の場合に"呀"と変化する。
虚惊一场 xūjīngyìcháng 四字熟語 （いらぬことに驚いたが、結局何事もなかった場合に）びっくりした。
祝 zhù 動 祈る、喜び祝う。
一路平安 yílù píng'ān 語句 道中ご無事で。旅立つ人を見送る時の挨拶。
机场 jīchǎng 名 空港、エアポート。
大巴 dàbā 名 リムジンバス。
叫 jiào ① 動 使役表現 〜させる、〜するよう命じる。② 前 〜に〜される。
送 sòng 動 送る、見送る。
省得 shěngde 接 前を受けて後ろの文頭に用い、好ましくないことを避けるという意味を示し、〜しないで済むようにする。
堵车 dǔchē 動 渋滞する。
保重 bǎozhòng 動 （人に対し希望して）体を大切にする、お大事に。挨拶によく使う。

● 文法と表現 ●

1 受け身表現

受け身構文の構造は次のとおりである。

| 受動者 | + "被"、"让"、"叫" + | 動作主体 | + | 動詞 |

护照和机票让我放在口袋里了。　　Hùzhào hé jīpiào ràng wǒ fàng zài kǒudai li le.
眼镜被我忘在实验室里了。　　　　Yǎnjìng bèi wǒ wàng zài shíyànshì li le.
钱包叫我弄丢了。　　　　　　　　Qiánbāo jiào wǒ nòngdiū le.
电脑让他弄坏了。　　　　　　　　Diànnǎo ràng tā nònghuài le.

* 口袋 ── ポケット。　　*眼镜 ── めがね。　　*实验室 ── 実験室。
* 弄丢 ── なくす。　　*弄坏 ── 壊す。
* 被 ── 受け身の文で動作主体を導く前置詞、「〜に〜される」。

2 処置の表現

対象に何らかの処置を加えることは次の文型で表す。

| 動作主体 | + "把" + | 対象 | + | 動詞 |

我把护照和机票放在这儿了。　　Wǒ bǎ hùzhào hé jīpiào fàng zài zhèr le.
我把眼镜忘在实验室里了。　　　Wǒ bǎ yǎnjìng wàng zài shíyànshì li le.
我把钱包弄丢了。　　　　　　　Wǒ bǎ qiánbāo nòngdiū le.
他把电脑弄坏了。　　　　　　　Tā bǎ diànnǎo nònghuài le.

3 使役表現

使役構文の構造は次のとおりである。

| 発動者 | + "让"、"叫" + | 行為者 | + | 動詞 |

使役表現を否定する場合は、使役動詞 "让" または "叫" の前に "不" または "没" を置く。

我让我哥哥开车送他。　　　　　Wǒ ràng wǒ gēge kāichē sòng tā.
老师叫我去办公室。　　　　　　Lǎoshī jiào wǒ qù bàngōngshì.
对不起,（我）让你们担心了。　Duìbuqǐ, (wǒ) ràng nǐmen dānxīn le.
（我）让您久等了。　　　　　　(Wǒ) ràng nín jiǔděng le.

* 担心 ── 心配する。　　│　*久等 ── 長い間待つ。

4 兼語文

上述の使役構文のなかで、「行為者」は"让""叫"の目的語であると同時に、後ろの動詞の主語にもなり、二つの役割を兼ねている。このような文型を「兼語文」という。兼語文を導く動詞には、ほかに"请（〜していただく）""使（〜させる）""劝（勧める）""托（頼む）""派（派遣する）"などがある。

我们请她弹钢琴。	Wǒmen qǐng tā tán gāngqín.
新世纪音乐使人放松。	Xīnshìjì yīnyuè shǐ rén fàngsōng.
大家都劝他去医院。	Dàjiā dōu quàn tā qù yīyuàn.
我托朋友代办手续。	Wǒ tuō péngyou dàibàn shǒuxù.
公司派我出差。	Gōngsī pài wǒ chūchāi.

* 新世纪音乐 ── ニューエイジ音楽。
* 放松 ── リラックスする。
* 代办 ── 代理する。
* 手续 ── 手続き。
* 出差 ── 出張する。

●置き換えて言おう●

[一] 我的<u>电脑</u>被同学<u>弄坏</u>了。

- 自行车（zìxíngchē　自転車）
- 词典（cídiǎn　辞書）
- 手机（shǒujī　携帯電話）
- 眼镜（yǎnjìng　メガネ）
- 衣服（yīfu　服）

- 骑走（qízǒu　乗っていく）
- 借走（jièzǒu　借りていく）
- 修好（xiūhǎo　直す）
- 弄丢（nòngdiū　なくす）
- 弄脏（nòngzāng　汚す）

[二] <u>新世纪音乐</u>使人<u>放松</u>。

- 虚心（xūxīn　謙虚）
- 旅行（lǚxíng　旅行）
- 贝多芬的"命运"（Bèiduōfēn de "Mìngyùn"　ベートーベンの「運命」）
- 文学（wénxué　文学）
- 艺术（yìshù　芸術）

- 进步（jìnbù　進歩する）
- 成长（chéngzhǎng　成長する）
- 振奋（zhènfèn　奮い立つ）
- 感动（gǎndòng　感動する）
- 陶醉（táozuì　陶酔する）

● ドリル ●

一 発音を聞き（　）内に語句を書き入れ、文の意味を日本語に訳しなさい。
　1　护照和机票（　　　　　　　　）我放在这儿了。
　2　我（　　　　　　　　）我哥哥开车送他。
　3　你（　　　　　　　　）机票夹在护照里了。
　4　我们（　　　　　　　　）她弹钢琴。
　5　公司（　　　　　　　　）我出差。

二 次の単語のピンインを書いて音読し、その意味を日本語に訳しなさい。
　1　关照　　　3　招待　　　5　一路平安
　2　联系　　　4　虚惊一场

三 次のピンインの文を簡体字に直し、その意味を日本語に訳しなさい。
　1　Yīnwèi yǒu nǐmen, wǒ guò de fēicháng kāixīn.
　2　Xièxie nǐmen de guānzhào.
　3　Bié wàng le dài yàoshi.
　4　Shǒujī ràng wǒ fàng zài kǒudai lǐ le.
　5　Nǐ cóng zhèr zěnme huí jiā?

四 下記の語句を日本語の意味になるように、正しい順番に並べ替えなさい。
　1　有 / 让 / 好好儿 / 招待 / 我 / 一定 / 你们 / 机会
　　　　　　　　　　　　（機会があれば、是非私に存分に御馳走させてください。）
　2　被 / 眼镜 / 忘 / 实验室 / 里 / 他 / 在 / 了（メガネは彼によって実験室に忘れられた。）
　3　我 / 办公室 / 去 / 叫 / 老师（先生は私にオフィスに行かせる。）
　4　的 / 被 / 我 / 了 / 弄坏 / 电脑 / 同学（私のパソコンは友達に壊された。）
　5　出发 / 早点儿 / 堵车 / 省得 / 吧（ちょっと早く出発しよう、渋滞に遭わないように。）

五 次の文を中国語に訳しなさい。
　1　さっき、私は航空券をこの本に挟んだ。
　2　ここにあった！　本当にびっくりした。
　3　彼女は風邪を引いた。みんなは彼女によく休むように勧めた。
　4　先生は私たちにピアノを教えてくれる。
　5　私はリムジンバスで空港に行く予定だ。今出発しなければならない。

第十一课

ユニット練習 4（第九課〜第十一課）

一　次の文章を日本語に訳し、朗読してみよう。

　　我叫王博。我是上海人，我的专业是城市规划。我在北京工作三年了，但是这个月我辞职了，因为我考上了北京大学的硕士研究生。我喜欢北京悠久的历史，还喜欢浓郁的老北京文化。在北京，我有很多朋友，他们都很有意思。张刚和他哥哥是我最好的朋友，通过张刚，我还认识了铃木和美玲，我们四个经常一起玩儿，我和张刚给他们介绍北京，他们给我们介绍很多日本的事儿。铃木就要回国了，我希望他一切顺利。

　　Wǒ jiào Wáng Bó. Wǒ shì Shànghǎirén, wǒ de zhuānyè shì chéngshì guīhuà. Wǒ zài Běijīng gōngzuò sān nián le, dànshì zhèige yuè wǒ cízhí le, yīnwèi wǒ kǎoshang le Běijīng dàxué de shuòshì yánjiūshēng. Wǒ xǐhuan Běijīng yōujiǔ de lìshǐ, hái xǐhuan nóngyù de lǎo Běijīng wénhuà. Zài Běijīng, wǒ yǒu hěn duō péngyou, tāmen dōu hěn yǒuyìsi. Zhāng Gāng hé tā gēge shì wǒ zuì hǎo de péngyou, tōngguò Zhāng Gāng, wǒ hái rènshi le Língmù hé Měilíng, wǒmen sì ge jīngcháng yìqǐ wánr, wǒ hé Zhāng Gāng gěi tāmen jièshào Běijīng, tāmen gěi wǒmen jièshào hěn duō Rìběn de shìr. Língmù jiù yào huíguó le, wǒ xīwàng tā yíqiè shùnlì.

＊悠久	—— 悠久な。	＊事儿	—— 事。
＊浓郁	—— 濃厚な。	＊就	—— まもなく。
＊文化	—— 文化。	＊一切	—— すべて。
＊通过	—— 〜を通じて。	＊顺利	—— 順調に。
＊认识	—— 知り合う。		

二　下に挙げた中から単語を選んで、絵の内容を中国語で説明してみよう。

唐东／爸爸／哥哥／在／家／做菜／好／上网／复习功课／托福考试／期末／是／月／号／新年／春节／圣诞节／生日／今天／昨天／前天／眼镜／英语词典／护照／桌子／电脑／上／下／前／后／旁边儿／被／把／放／弄坏／弄丢／掉（diào　落ちる）

索 引

A

啊	a	文末・助	56
埃及人	Āijírén	名	26
埃菲尔铁塔	Āifēi'ěr tiětǎ	固	89
哎呀	āiyā	感	110
爱	ài	動	94
熬夜	áoyè	動	48

B

八达岭	Bādálǐng	固	45
巴黎	Bālí	固	70
巴西人	Bāxīrén	名	26
把	bǎ	前	110
爸爸	bàba	名	49, 56
吧	ba	文末・助	22
白	bái	形	31
白塔山	Báitǎshān	固	36
半	bàn	数	110
办公室	bàngōngshì	名	70
保重	bǎozhòng	動	110
报社	bàoshè	名	51
北海公园	Běihǎi gōngyuán	固	36
北京	Běijīng	固	30
北京烤鸭	Běijīng kǎoyā	複・名	80
被	bèi	前	111
贝多芬	Bèiduōfēn	固	84
贝多芬的"命运"	Bèiduōfēn de "Mìngyùn"	固	112
本科	běnkē	名	90
比	bǐ	前	48
比赛	bǐsài	名	69
笔记本	bǐjìběn	名	25
笔记本电脑	bǐjìběn diànnǎo	名	32
遍	biàn	量	104
别	bié	副	110
别客气	bié kèqi	語句	22
兵马俑	Bīngmǎyǒng	固	45
冰箱	bīngxiāng	名	43
病	bìng	名	69
柏林	Bólín	固	70
博士研究生	bóshì yánjiūshēng	名	90
不错	bú cuò	形	102
不但	búdàn	接	94
不太	bú tài	副	75
不	bù	副	22
不行	bùxíng	語句	83
补习班	bǔxíbān	名	48

C

才	cái	副	68
菜	cài	名	75
参加	cānjiā	動	48
茶	chá	名	31
茶馆儿	cháguǎnr	名	68
查地图	chá dìtú	動	96
差	chà	動	59
长	cháng	形	75
常	cháng	副	110
唱歌	chàng gē	動	104
唱、念、做、打	chàng、niàn、zuò、dǎ	動	72
长城	Chángchéng	固	68
成绩	chéngjì	名	102
成吉思汗	Chéngjísīhàn	固	80
成员	chéngyuán	名	48
成长	chéngzhǎng	動	112
城市规划	chéngshì guīhuà	複・名	40
程序员	chéngxùyuán	名	27
吃零食	chī língshí	動	86
吃午饭	chī wǔfàn	動	96
尺子	chǐzi	名	32
充电	chōngdiàn	動	102
充电器	chōngdiànqì	名	43
充实	chōngshí	形	48
冲浪	chōnglàng	動	103
抽烟	chōuyān	動	70, 86
出差	chūchāi	動	112
出发	chūfā	動	77

初次见面	chūcì jiànmiàn	語句	22
厨师	chúshī	名	26
穿	chuān	動	95
窗户	chuānghu	名	95
春假	chūnjià	名	77
春节	Chūnjié	固	94, 99
词典	cídiǎn	名	40, 112
次	cì	量	104
辞职	cízhí	動	102
从	cóng	前	75

D

打	dǎ	動	56
打棒球	dǎ bàngqiú	動	86
打电话	dǎ diànhuà	動	78
打工	dǎgōng	動	49
打篮球	dǎ lánqiú	動	71
打麻将	dǎ májiàng	動	86
打扑克	dǎ púkè	動	51
打算	dǎsuan	動	94
打网球	dǎ wǎngqiú	動	60, 70, 83
大	dà	形	50
大巴	dàbā	名	110
大概	dàgài	副	56
大家	dàjiā	代	34
大学	dàxué	名	22
带	dài	動	85
代办	dàibàn	動	112
担心	dānxīn	動	111
但是	dànshì	接	68
到	dào	前	75
到	dào	動	94
德语	Déyǔ	名	96
的	de	助	22
的话	dehuà	助	94
得	de	助	102
得	děi	助動	83
灯会	dēnghuì	名	99
等	děng	助	68
等	děng	動	68
地道	dìdào	形	102

地方	dìfang	名	68
点	diǎn	量	56
点	diǎn	動	75
~点儿	diǎnr	量	76
电话	diànhuà	名	56
电视	diànshì	名	43
电视台	diànshìtái	名	51
电影	diànyǐng	名	83
电影院	diànyǐngyuàn	名	43
电子词典	diànzǐcídiǎn	名	32
掉	diào	動	115
丢垃圾	diū lājī	動	86
东京	Dōngjīng	固	22
东京塔	Dōngjīngtǎ	固	89
冬天	dōngtiān	名	79
动画片	dònghuàpiàn	名	88
都	dōu	副	30
豆腐脑	dòufǔnǎo	名	53
堵车	dǔchē	動	110
端午节	Duānwǔjié	固	99
敦煌	Dūnhuáng	固	45
对	duì	前	68
对	duì	形	48, 68
对了	duì le	語句	48
对不起	duìbuqǐ	語句	40
多	duō	形	22, 40
多	duō	副	56
多少	duōshao	疑・代	56
多少钱	duōshao qián	語句	64

E

饿	è	動	75
而且	érqiě	接	94
二胡	èrhú	名	48
二黄腔	èrhuángqiāng	名	72

F

发传真	fā chuánzhēn	動	78
发电子邮件	fā diànzǐyóujiàn	動	76, 78
法国人	Fǎguórén	名	26
饭菜	fàncài	名	78

饭店	fàndiàn	名	75
放	fàng	動	110
放松	fàngsōng	動	112
放心	fàngxīn	動	75
非常	fēicháng	副	48, 78
飞机	fēijī	名	77
分	fēn	量	56
服务员	fúwùyuán	名	75
附近	fùjìn	方	68
复习	fùxí	動	83
复习功课	fùxí gōngkè	動	51

G

感	gǎn	動	68
感动	gǎndòng	動	112
感冒	gǎnmào	動	96
橄榄球	gǎnlǎnqiú	名	69
刚	gāng	副	83
刚才	gāngcái	名	110
钢笔	gāngbǐ	名	32
高	gāo	形	50
高兴	gāoxìng	形	35
哥哥	gēge	名	50, 56
格外	géwài	副	78
个	ge	量	56
～个	ge	量	31
给	gěi	前	75
跟	gēn	前	94
工程师	gōngchéngshī	名	27
工作	gōngzuò	名	48
工作	gōngzuò	動	48
公司	gōngsī	名	22
公园	gōngyuán	名	40
功课	gōngkè	名	51, 83
古城	gǔchéng	名	94
古典音乐	gǔdiǎn yīnyuè	名	103
故宫	Gùgōng	固	68
关照	guānzhào	動	110
逛	guàng	動	94
逛街	guàngjiē	動	97
贵	guì	形	50

国画	guóhuà	名	31
国际劳动节	Guójìláodòngjié	固	99
国庆节	Guóqìngjié	固	99
过	guò	動	94
过	guo	動態・助	68

H

哈哈	hāha	擬音詞	94
还	hái	副	48
还是	háishi	接	83
海边	hǎibiān	名	85
《海贼王》	Hǎizéiwáng	固	88
韩国人	Hánguórén	名	26
寒假	hánjià	名	89, 94
汉语	Hànyǔ	名	19, 40
汉语进修生	Hànyǔ jìnxiūshēng	名	90
汉语水平考试	Hànyǔ shuǐpíng kǎoshì	固	83, 90
汉族	Hànzú	名	19
好	hǎo	形	22, 69, 85
好吧	hǎo ba	語句	83
好吃	hǎochī	形	48
好好儿	hǎohāor	副	102
好喝	hǎohē	形	30
好久不见	hǎojiǔ bú jiàn	語句	83
好嘞	hǎo lei	語句	76
好像	hǎoxiàng	副	48
号	hào	名	56
喝	hē	動	30
和	hé	接	56
和	hé	前	56
很	hěn	副	22, 78
红	hóng	形	30
红茶	hóngchá	名	87
忽必烈	Hūbìliè	固	80
护士	hùshi	名	26
护照	hùzhào	名	110
滑冰	huábīng	動	86
滑雪	huáxuě	動	86, 104
化学	huàxué	名	32
画画	huà huà	動	104

欢迎	huānyíng	動	22
回	huí	動	110
回去	huíqù	動	110
回头见	huítóu jiàn	語句	83
回族	Huízú	名	19
会	huì	助動	83
活动	huódòng	名	48
火车	huǒchē	名	104
《火影忍者》	Huǒyǐng rěnzhě	固	88

J

机场	jīchǎng	名	110
机会	jīhuì	名	110
机票	jīpiào	名	110
机器人	jīqìrén	名	84
饥肠辘辘	jīchánglùlù	四字熟語	75
几	jǐ	疑・代	56
既……又……	jì……yòu……	接	101
家	jiā	名	35, 40
家	jiā	量	75
夹	jiā	動	110
加拿大人	Jiānádàrén	名	26
加油	jiāyóu	動	83
价钱	jiàqián	名	96
煎饺	jiānjiǎo	名	53
煎萝卜糕	jiānluóbogāo	名	53
兼职	jiānzhí	名	48
简体字	jiǎntǐzì	名	19
健身	jiànshēn	動	13
健忘	jiànwàng	形	24
建筑	jiànzhù	名	30
建筑设计	jiànzhù shèjì	複・名	30
将来	jiānglái	名	94
酱肘子	jiàng zhǒuzi	名	80
教	jiāo	動	48
教师	jiàoshī	名	27
教室	jiàoshì	名	41
叫	jiào	動	22, 110
叫	jiào	前	110
接	jiē	動	56
姐姐	jiějie	名	25
介绍	jièshào	動	75
借走	jièzǒu	動	112
斤	jīn	量	64
金阁寺	Jīngésì	固	88
今天	jīntiān	名	42
进步	jìnbù	動	112
经常	jīngcháng	副	48
京剧	jīngjù	名	68, 72
井上	Jǐngshàng	固	22
久等	jiǔděng	動	111
酒店	jiǔdiàn	名	43
九寨沟	Jiǔzhàigōu	固	45
就	jiù	副	68, 94, 114
剧场	jùchǎng	名	43

K

咖啡	kāfēi	名	50
开	kāi	動	70
开车	kāichē	動	70, 75
开罗	Kāiluó	固	70
开始	kāishǐ	動	77
开心	kāixīn	形	110
开演	kāiyǎn	動	75
看	kàn	動	68
看棒球比赛	kàn bàngqiú bǐsài	動	60
看病	kànbìng	動	97
看小说	kàn xiǎoshuō	動	51
考	kǎo	動	102
考上	kǎoshang	動	102
考试	kǎoshì	動	83
考试	kǎoshì	名	83
科学	kēxué	名	22
可口	kěkǒu	形	78
可是	kěshì	接	83
可惜	kěxī	形	48
可以	kěyǐ	助動	83
颗	kē	量	94
刻	kè	量	59
课	kè	名	24, 48
客栈	kèzhàn	名	94
孔府	Kǒngfǔ	固	45

孔庙	Kǒngmiào	固	45
恐怕	kǒngpà	副	94
口	kǒu	量	56
口袋	kǒudai	名	111
哭	kū	動	78
酷	kù	形	48
会计	kuàijì	名	26
快	kuài	副	56
快乐	kuàilè	形	62
快要	kuàiyào	副	94
昆曲	kūnqǔ	名	72
困	kùn	形	48

L

拉面	lāmiàn	名	88
辣	là	形	75
浪漫	làngmàn	形	101
老北京	lǎo Běijīng	名	68
老店	lǎodiàn	名	75
老舍茶馆	Lǎoshě cháguǎn	固	68
老师	lǎoshī	名	25
了	le	動態・助	48, 68
累	lèi	形	78
冷	lěng	形	50, 75
离	lí	前	75
里	lǐ	方	41, 68
理发	lǐfà	動	97
丽江	Lìjiāng	固	45, 94
历史	lìshǐ	名	32
联欢晚会	liánhuān wǎnhuì	名	99
联系	liánxì	動	110
脸谱	liǎnpǔ	名	72
两岁	liǎng suì	数+量	50
两枝香烟	liǎng zhī xiāngyān	数+量	60
两百	liǎngbǎi	数	56
聊天	liáotiān	動	86
了不起	liǎobuqǐ	語句	48
铃木	Língmù	固	22
留学	liúxué	動	85
留学生	liúxuéshēng	名	31
六封信	liù fēng xìn	数+量	60

伦敦	Lúndūn	固	70
罗马	Luómǎ	固	70
旅行	lǚxíng	動	112
旅游	lǚyóu	動	88, 94

M

妈妈	māma	名	56
马可波罗	Mǎkěbōluó	固	80
马来西亚人	Mǎláixīyàrén	名	26
吗	ma	文末・助	22
买	mǎi	動	49
买领带	mǎi lǐngdài	動	78
买票	mǎi piào	動	97
满意	mǎnyì	形	31
满族	Mǎnzú	名	19
曼谷	Màngǔ	固	70
忙	máng	動	94
忙	máng	形	48
没	méi	副	40, 68
美国人	Měiguórén	名	26
美玲	Měilíng	固	22
美术馆	měishùguǎn	名	43
门	mén	名	70
门口	ménkǒu	名	68
蒙古族	Měnggǔzú	名	19
米	mǐ	量	83
免费	miǎnfèi	動	83
民乐团	mínyuètuán	名	48
名不虚传	míngbùxūchuán	成語	101
名胜古迹	míngshèng gǔjì	名	62
名字	míngzi	名	22
明年	míngnián	名	94
明天	míngtiān	名	68
莫高窟	Mògāokū	固	45
莫斯科	Mòsīkē	固	70

N

拿	ná	動	40
哪个	nǎge	疑・代	30
哪国人	nǎguórén	疑・代	32
哪儿	nǎr	疑・代	40

那	nà	接	48
那	nà	指·代	30
那个	nàge	指·代	30
那么	nàme	指·代	48
那（么）	nà(me)	接	30
奶奶	nǎinai	名	77
奶油萨其马	nǎiyóu sàqímǎ	名	80
难	nán	形	48
呢	ne	文末·助	94
呢	ne	助	110
哪个	něige	指·代	30
那个	nèige	指·代	30
嫩	nèn	形	75
能	néng	助動	64, 83
你	nǐ	人·代	22
你好	nǐ hǎo	語句	22
你们	nǐmen	人·代	22
年级	niánjí	量	34
年纪	niánjì	名	56
您	nín	人·代	22
纽约	Niǔyuē	固	70
浓郁	nóngyù	形	114
弄丢	nòngdiū	動	111, 112
弄坏	nònghuài	動	111
弄脏	nòngzāng	動	112
女朋友	nǚpéngyou	名	22

O

哦	ó	感	22
哦	ò	感	40

P

拍照	pāizhào	動	86
朋友	péngyou	名	22
啤酒	píjiǔ	名	30
品	pǐn	動	68
便宜	piányi	形	64, 78
漂亮	piàoliang	形	22
拼音字母	pīnyīn zìmǔ	名	19
平板电脑	píngbǎn diànnǎo	名	43
普通话	pǔtōnghuà	名	19

葡萄酒	pútaojiǔ	名	30

Q

七粒口香糖	qī lì kǒuxiāngtáng	数+量	60
期末考试	qīmò kǎoshì	名	85
期中考试	qīzhōng kǎoshì	名	85
骑	qí	動	59
骑走	qízǒu	動	112
骑自行车	qí zìxíngchē	動	70
祈年殿	Qíniándiàn	固	36, 68
铅笔	qiānbǐ	名	32
谦虚	qiānxū	形	24
钱	qián	名	103
钱包	qiánbāo	名	49
秦始皇陵	Qínshǐhuáng líng	固	45
青岛啤酒	Qīngdǎo Píjiǔ	固	30
清明节	Qīngmíngjié	固	99
晴	qíng	形	84
请	qǐng	動	22
请坐	qǐng zuò	語句	22
琼华岛	Qiónghuádǎo	固	36
曲阜	Qǔfù	固	45
去	qù	動	35, 42, 68

R

让	ràng	前	110
让	ràng	動	110
人	rén	名	56
认识	rènshi	動	114
日本料理	Rìběn liàolǐ	名	88
日本人	Rìběnrén	名	22
如果	rúguǒ	接	94

S

三	sān	数	34
三本杂志	sān běn zázhì	数+量	60
上班	shàngbān	動	60
上课	shàngkè	動	76
上网	shàngwǎng	動	94
上	shang	方	40
烧饼	shāobǐng	名	53

索 引 121

烧纸钱	shāo zhǐqián	動	99
什么	shénme	疑·代	22
社团	shètuán	名	48
设计图	shèjìtú	名	30
声调符号	shēngdiào fúhào	名	19
生活	shēnghuó	名	48
生日	shēngrì	名	56
生物	shēngwù	名	32
省得	shěngde	接	110
圣诞节	Shèngdàn jié	固	77
时间	shíjiān	名	75
实习	shíxí	動	97
实验室	shíyànshì	名	111
使用	shǐyòng	動	83
使用手机	shǐyòng shǒujī	動	86
是	shì	動	22
是吗	shì ma	語句	40
世界	shìjiè	名	56
室内	shìnèi	名	83
室外	shìwài	名	83
事儿	shìr	名	114
事先	shìxiān	副	83
手机	shǒujī	名	112
手续	shǒuxù	名	112
寿司	shòusī	名	88
书	shū	名	41
书包	shūbāo	名	25
书店	shūdiàn	名	42
书架	shūjià	名	40
书桌	shūzhuō	名	40
暑假	shǔjià	名	89
数学	shùxué	名	32
涮羊肉	shuànyángròu	名	75, 80
睡觉	shuìjiào	動	96
顺利	shùnlì	形	114
说话	shuōhuà	動	85
说笑	shuōxiào	動	86
说英语	shuō Yīngyǔ	動	86
硕士研究生	shuòshì yánjiūshēng	名	90
司机	sījī	名	26
四张明信片	sì zhāng míngxìnpiàn	数+量	60
送	sòng	動	110
送礼物	sòng lǐwù	動	78
岁	suì	量	56
所以	suǒyǐ	接	48

T

T恤衫	T xùshān	名	95
他	tā	人·代	22
她	tā	人·代	22
台灯	táidēng	名	32
太好了	tài hǎo le	語句	75
太极拳	tàijíquán	名	56
弹钢琴	tán gāngqín	動	60, 70
弹吉他	tán jítā	動	104
汤圆	tāngyuán	名	99
陶醉	táozuì	動	112
特别	tèbié	副	68, 78
踢足球	tī zúqiú	動	60, 70
体育馆	tǐyùguǎn	名	43
天	tiān	名	84
天安门	Tiān'ānmén	固	89
天坛	Tiāntán	固	36
天坛公园	Tiān'tán gōngyuán	固	68
甜	tián	形	76
听说	tīngshuō	動	101
听音乐	tīng yīnyuè	動	51
听音乐会	tīng yīnyuèhuì	動	60
挺	tǐng	副	78
通过	tōngguò	動	114
同事	tóngshì	名	56
同学	tóngxué	名	25
同意	tóngyì	動	96
图书馆	túshūguǎn	名	25
托福考试	Tuōfú kǎoshì	固	94

W

外边	wàibian	名	48
外企	wàiqǐ	名	94
外语	wàiyǔ	名	32
外资企业	wàizī qǐyè	複·名	51
完	wán	動	102

玩	wán	動	101
玩儿电子游戏	wánr diànzǐ yóuxì	動	71
晚上	wǎnshang	名	56
万里长城	Wànlǐ chángchéng	固	45
王博	Wáng Bó	固	22
网球场	wǎngqiúchǎng	名	83
忘	wàng	動	56
维吾尔族	Wéiwǔ'ěrzú	名	19
喂	wèi	感	94
味道	wèidào	名	75
文化	wénhuà	名	68, 114
文学	wénxué	名	32, 112
问	wèn	動	94
我	wǒ	人・代	22
五份报纸	wǔ fèn bàozhǐ	数+量	60
五谷丰登	wǔgǔ fēngdēng	四字熟語	36
物理	wùlǐ	名	32

X

西红柿	xīhóngshì	名	64
西皮腔	xīpíqiāng	名	72
喜欢	xǐhuan	動	30
洗衣服	xǐ yīfu	動	51
洗衣机	xǐyījī	名	43
下国际象棋	xià guójì xiàngqí	動	86
下围棋	xià wéiqí	動	51
下象棋	xià xiàngqí	動	60, 70
下星期	xià xīngqī	名	83
下雪	xià xuě	動	95
下雨	xiàyǔ	動	84
下载软件	xiàzǎi ruǎnjiàn	動	93
鲜	xiān	形	75
先生	xiānsheng	名	22
咸豆浆	xiándòujiāng	名	53
现在	xiànzài	名	56
相当	xiāngdāng	副	78
想	xiǎng	動	70
想	xiǎng	助動	83
橡皮	xiàngpí	名	32
相声	xiàngsheng	名	68
小	xiǎo	接頭辞	22
小	xiǎo	形	56
小时	xiǎoshí	名	69
小提琴	xiǎotíqín	名	48
笑	xiào	動	78
～些	xiē	量	31
写报告	xiě bàogào	動	95
写文章	xiě wénzhāng	動	104
写信	xiě xìn	動	78
心	xīn	名	94
新世纪音乐	xīnshìjì yīnyuè	名	112
信息处理	xìnxīchǔlǐ	複・名	30
星巴克	Xīngbākè	固	68
星期	xīngqī	名	56
姓	xìng	動	22
兴趣	xìngqu	名	68
修好	xiūhǎo	動	112
休息	xiūxi	動	68
虚惊一场	xūjīngyìcháng	四字熟語	110
虚心	xūxīn	形	112
学	xué	動	68
学弟	xuédì	名	32
学姐	xuéjiě	名	22
学妹	xuémèi	名	32
学期	xuéqī	名	48
学生	xuésheng	名	22
学习	xuéxí	動	30
学校	xuéxiào	名	68

Y

呀	ya	助	110
压岁钱	yāsuìqián	名	99
研究生	yánjiūshēng	名	102
研究所	yánjiūsuǒ	名	51
演出	yǎnchū	名	68
演奏	yǎnzòu	動	48
眼镜	yǎnjìng	名	111, 112
要	yào	動	75
要	yào	助動	83
钥匙	yàoshi	名	32
也	yě	副	22
衣服	yīfu	名	112

医生	yīshēng	名	26
医院	yīyuàn	名	43
遗产	yíchǎn	名	68
一定	yídìng	副	110
一个	yí ge	数+量	42
一路平安	yílù píng'ān	語句	110
一切	yíqiè	代	114
一下	yíxià	数+量	75
一本	yì běn	数+量	41
一点儿	yìdiǎnr	数+量	64
一起	yìqǐ	副	68
以后	yǐhòu	方	110
已经	yǐjīng	副	75
意大利人	Yìdàlìrén	名	26
艺术	yìshù	名	32, 112
因为	yīnwèi	接	94
银行	yínháng	名	49
印度人	Yìndùrén	名	26
应该	yīnggāi	助動	68
英语	Yīngyǔ	名	41, 48
永乐帝	Yǒnglèdì	固	36
幽默	yōumò	形	94
悠久	yōujiǔ	形	114
悠闲	yōuxián	形	101
邮局	yóujú	名	43
邮票	yóupiào	名	59
油条	yóutiáo	名	53
游	yóu	動	83
游泳	yóuyǒng	動	83
有	yǒu	動	40
有点儿	yǒudiǎnr	副	48
有名	yǒumíng	形	88
有意思	yǒuyìsi	形	24, 40
又	yòu	副	75
鱼生粥	yúshēngzhōu	名	53
预约	yùyuē	動	83
玉龙雪山	Yùlóng xuěshān	固	45
圜丘	Yuánqiū	固	36
元宵节	Yuánxiāojié	固	99
圆珠笔	yuánzhūbǐ	名	32
远	yuǎn	形	83

约会	yuēhuì	動	97
月	yuè	名	56
月饼	yuèbǐng	名	99
乐队	yuèduì	名	62
乐器	yuèqì	名	48
越来越	yuèláiyuè	副	101
越南人	Yuènánrén	名	26
运动	yùndòng	名	83

Z

杂技	zájì	名	68
杂志	zázhì	名	25
在	zài	動	40
在	zài	副	94
在	zài	前	48
藏族	Zàngzú	名	19
早茶	zǎochá	名	53
早点	zǎodiǎn	名	53
早饭	zǎofàn	名	48
早上	zǎoshang	名	68
怎么	zěnme	疑・代	94
怎么办	zěnme bàn	語句	102
怎么了	zěnmele	語句	56
怎么样	zěnmeyàng	語句	68, 101
站	zhàn	動	70
蘸料	zhànliào	名	75
张	Zhāng	固	22
张刚	Zhāng Gāng	固	22
招待	zhāodài	動	110
找工作	zhǎo gōngzuò	動	96
这	zhè	指・代	30
这个	zhège	指・代	30
这个	zhèige	指・代	30
这些	zhèxiē	指・代	30
这些	zhèixiē	指・代	30
着	zhe	動態・助	68
哲学	zhéxué	名	32
真	zhēn	副	48
真	zhēn	形	102
真巧	zhēn qiǎo	語句	30
振奋	zhènfèn	動	112

正	zhèng	副	94
正好	zhènghǎo	形	68
政府机关	zhèngfǔ jīguān	複·名	51
证券公司	zhèngquàn gōngsī	複·名	51
知道	zhīdao	動	83
知识	zhīshi	名	103
职员	zhíyuán	名	22
只是	zhǐshì	副	83
指教	zhǐjiào	動	22
智能手机	zhìnéng shǒujī	複·名	43
钟	zhōng	名	56
中国菜	Zhōngguócài	名	69
中国人	Zhōngguórén	名	22
中秋节	Zhōngqiūjié	固	99
中文	Zhōngwén	名	31
周末	zhōumò	名	50
住	zhù	動	94
祝	zhù	動	110
祝贺	zhùhè	動	102
住院	zhùyuàn	動	104
专业	zhuānyè	名	30
专职主妇	zhuānzhí zhǔfù	複·名	62
准备	zhǔnbèi	動	94
桌子	zhuōzi	名	41
粢饭	zīfàn	名	53
自己	zìjǐ	人·代	40
自行车	zìxíngchē	名	41, 43, 112
自习室	zìxíshì	名	85
粽子	zòngzi	名	99
走	zǒu	動	95
奏鸣曲	zòumíngqǔ	名	84
最	zuì	副	88
最近	zuìjìn	名	48
昨天	zuótiān	名	42
昨晚	zuówǎn	名	48
坐	zuò	動	70, 77
做	zuò	動	48
做菜	zuòcài	動	102
作家	zuòjiā	名	27
作业	zuòyè	名	48

[付録1] 主な専門分野と学科名

日本語	中国語	ピンイン
[学問分野]		
歴史学	历史学	lìshǐxué
法学	法学	fǎxué
法律	法律	fǎlǜ
政治学	政治	zhèngzhì
文学	文学	wénxué
芸術（学）	艺术（学）	yìshù(xué)
美術	美术	měishù
音楽	音乐	yīnyuè
哲学	哲学	zhéxué
宗教学	宗教学	zōngjiàoxué
数学	数学	shùxué
化学	化学	huàxué
物理学	物理学	wùlǐxué
言語学	语言学	yǔyánxué
人類学	人类学	rénlèixué
自然人類学	自然人类学	zìránrénlèixué
文化人類学	文化人类学	wénhuàrénlèixué
民俗学	民俗学	mínsúxué
経済学	经济学	jīngjìxué
経営学	经营学	jīngyíngxué
金融学	金融学	jīnróngxué
社会学	社会学	shèhuìxué
心理学	心理学	xīnlǐxué
教育学	教育学	jiàoyùxué
統計学	统计学	tǒngjìxué
天文学	天文学	tiānwénxué
生物学	生物学	shēngwùxué
地理学	地理学	dìlǐxué
人文地理学	人文地理学	rénwéndìlǐxué
農学	农学	nóngxué
医学	医学	yīxué

| 薬学 | 药学 | yàoxué |

[学科名称]

応用数学	应用数学	yīngyòngshùxué
数理科学	数理科学	shùlǐkēxué
応用物理学	应用物理学	yīngyòngwùlǐxué
応用化学	应用化学	yīngyònghuàxué
地球惑星科学	地球与行星科学	dìqiúyǔxíngxīngkēxué
計算機科学	计算机科学	jìsuànjīkēxué
材料工学	材料科学与工程	cáiliàokēxuéyǔgōngchéng
機械科学	机械科学	jīxièkēxué
システム制御工学	系统与控制工程	xìtǒngyǔkòngzhìgōngchéng
電気電子工学	电气电子工程	diànqìdiànzǐgōngchéng
情報通信科学	信息与通信工程	xìnxīyǔtōngxìngōngchéng
情報工学	信息工学	xìnxīgōngxué
建築学	建筑学	jiànzhùxué
土木工学	土木工程学	tǔmùgōngchéngxué
環境科学	环境学	huánjìngxué
生命科学	生命科学	shēngmìngkēxué

[語学名称]

中国語	汉语	Hànyǔ
英語	英语	Yīngyǔ
ドイツ語	德语	Déyǔ
フランス語	法语	Fǎyǔ
ロシア語	俄语	Éyǔ
韓国語	韩语	Hányǔ
スペイン語	西班牙语	Xībānyáyǔ
イタリア語	意大利语	Yìdàlìyǔ
古典ギリシア語	古希腊语	gǔ Xīlàyǔ
古典ラテン語	古拉丁语	gǔ Lādīngyǔ
日本語	日语	Rìyǔ

[付録2] 主な部活・サークル名

日本語	中国語	ピンイン
野球部	垒球部	lěiqiú bù
サッカー部	足球部	zúqiú bù
テニス部	网球部	wǎngqiú bù
ラグビー部	橄榄球部	gǎnlǎnqiú bù
アメリカンフットボール部	美式橄榄球部	Měishì gǎnlǎnqiú bù
卓球部	乒乓球部	pīngpāngqiú bù
柔道部	柔道部	róudào bù
剣道部	剑道部	jiàndào bù
空手道部	空手道部	kōngshǒudào bù
合気道部	合气道部	héqìdào bù
武術部	武术部	wǔshù bù
少林寺拳法部	少林寺拳法部	shàolínsì quánfǎ bù
フェンシング部	击剑部	jījiàn bù
水泳部	游泳部	yóuyǒng bù
陸上競技部	田径部	tiánjìng bù
弓道部	弓道部	gōngdào bù
サイクリング部	自行车比赛部	zìxíngchē bǐsài bù
端艇部	赛艇部	sàitǐng bù
ヨット部	帆船部	fānchuán bù
トライアスロン部	铁人三项部	tiěrén sānxiàng bù
スキー部	滑雪部	huáxuě bù
ゴルフ部	高尔夫球部	gāo'ěrfūqiú bù
レスリング部	摔跤部	shuāijiāo bù
ホッケー部	曲棍球部	qūgùnqiú bù
ラクロス部	长曲棍球部	cháng qūgùnqiú bù
ハンググライダー部	滑翔伞运动部	huáxiángsǎn yùndòng bù
体操部	体操部	tǐcāo bù
馬術部	马术部	mǎshù bù
セパタクロー部	藤球部	téngqiú bù
オリエンテーリング部	定向越野部	dìngxiàngyuèyě bù
バドミントン部	羽毛球部	yǔmáoqiú bù
ハンドボール部	手球部	shǒuqiú bù

登山部	登山部	dēngshān bù
バレーボール部	排球部	páiqiú bù
茶道部	茶道部	chádào bù
華道部	花道部	huādào bù
書道部	书法部	shūfǎ bù
交響楽団	交响乐团	jiāoxiǎngyuè tuán
管弦楽団	管弦乐团	guǎnxiányuè tuán
ジャズ研究会	爵士乐研究会	juéshì yuè yánjiū huì
合唱団	合唱团	héchàng tuán
放送研究会	广播电视研究会	guǎngbō diànshì yánjiū huì
航空部	航空部	hángkōng bù
天文研究部	天文研究部	tiānwén yánjiū bù
自動車部	汽车部	qìchē bù
ロボット技術研究会	机器人技术研究会	jīqìrén jìshù yánjiū huì
デザイン研究会	设计研究会	shèjì yánjiū huì
漫画・アニメ研究会	动漫研究会	dòngmàn yánjiū huì
演劇研究部	戏剧研究部	xìjù yánjiū huì
鉄道研究部	铁道研究部	tiědào yánjiū bù
写真部	摄影部	shèyǐng bù

中国全图

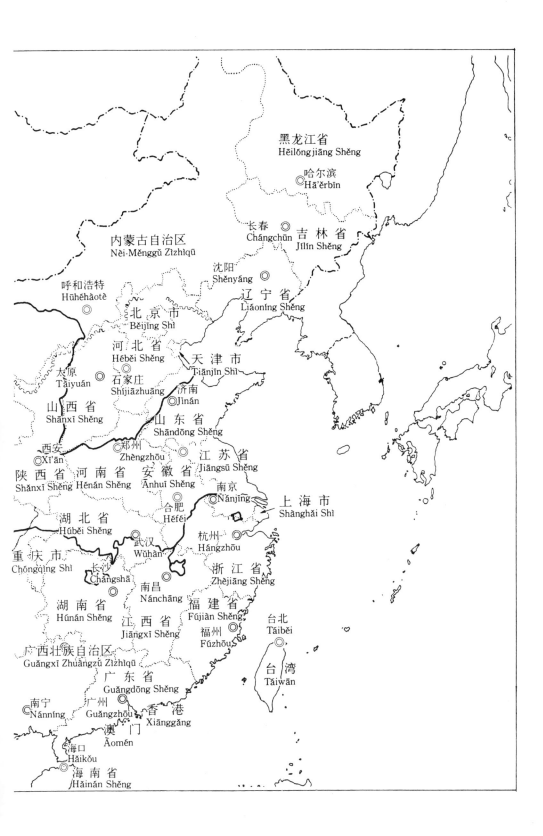

【中国語音節表】

子音\母音	a	o	e	-i	er	ai	ei	ao	ou	an	en	ang	eng	ong	i	ia	ie	iao	iou
b	ba	bo				bai	bei	bao		ban	ben	bang	beng		bi		bie	biao	
p	pa	po				pai	pei	pao	pou	pan	pen	pang	peng		pi		pie	piao	
m	ma	mo	me			mai	mei	mao	mou	man	men	mang	meng		mi		mie	miao	miu
f	fa	fo					fei		fou	fan	fen	fang	feng						
d	da		de			dai	dei	dao	dou	dan	den	dang	deng	dong	di	dia	die	diao	diu
t	ta		te			tai		tao	tou	tan		tang	teng	tong	ti		tie	tiao	
n	na		ne			nai	nei	nao	nou	nan	nen	nang	neng	nong	ni		nie	niao	niu
l	la	lo	le			lai	lei	lao	lou	lan		lang	leng	long	li	lia	lie	liao	liu
g	ga		ge			gai	gei	gao	gou	gan	gen	gang	geng	gong					
k	ka		ke			kai	kei	kao	kou	kan	ken	kang	keng	kong					
h	ha		he			hai	hei	hao	hou	han	hen	hang	heng	hong					
j															ji	jia	jie	jiao	jiu
q															qi	qia	qie	qiao	qiu
x															xi	xia	xie	xiao	xiu
zh	zha		zhe	zhi		zhai	zhei	zhao	zhou	zhan	zhen	zhang	zheng	zhong					
ch	cha		che	chi		chai		chao	chou	chan	chen	chang	cheng	chong					
sh	sha		she	shi		shai	shei	shao	shou	shan	shen	shang	sheng						
r			re	ri				rao	rou	ran	ren	rang	reng	rong					
z	za		ze	zi		zai	zei	zao	zou	zan	zen	zang	zeng	zong					
c	ca		ce	ci		cai		cao	cou	can	cen	cang	ceng	cong					
s	sa		se	si		sai		sao	sou	san	sen	sang	seng	song					
	a	o	e		er	ai	ei	ao	ou	an	en	ang			yi	ya	ye	yao	you

ian	in	iang	ing	iong	u	ua	uo	uai	uei	uan	uen	uang	ueng	ü	üe	üan	ün
bian	bin		bing		bu												
pian	pin		ping		pu												
mian	min		ming		mu												
					fu												
dian			ding		du		duo		dui	duan	dun						
tian			ting		tu		tuo		tui	tuan	tun						
nian	nin	niang	ning		nu		nuo			nuan				nü	nüe		
lian	lin	liang	ling		lu		luo			luan	lun			lü	lüe		
					gu	gua	guo	guai	gui	guan	gun	guang					
					ku	kua	kuo	kuai	kui	kuan	kun	kuang					
					hu	hua	huo	huai	hui	huan	hun	huang					
jian	jin	jiang	jing	jiong										ju	jue	juan	jun
qian	qin	qiang	qing	qiong										qu	que	quan	qun
xian	xin	xiang	xing	xiong										xu	xue	xuan	xun
					zhu	zhua	zhuo	zhuai	zhui	zhuan	zhun	zhuang					
					chu	chua	chuo	chuai	chui	chuan	chun	chuang					
					shu	shua	shuo	shuai	shui	shuan	shun	shuang					
					ru	rua	ruo		rui	ruan	run						
					zu		zuo		zui	zuan	zun						
					cu		cuo		cui	cuan	cun						
					su		suo		sui	suan	sun						
yan	yin	yang	ying	yong	wu	wa	wo	wai	wei	wan	wen	wang	weng	yu	yue	yuan	yun

著 者

陳　焔　北海道大学文学部英米文学修士課程修了、文学修士。

戦暁梅　国際日本文化研究センター教授。総合研究大学院大学文化科学研究科博士後期課程修了、学術博士。

劉岸偉　東京工業大学名誉教授。東京大学大学院比較文学・比較文化博士後期課程修了、学術博士。

•表紙デザイン：アイ・ビーンズ

4ステップ大学生初級中国語

2018 年 3 月 30 日　　初版発行
2025 年 3 月 25 日　　第 8 刷発行

著　者　陳焔　戦暁梅　劉岸偉
発行者　佐藤和幸
発行所　白　帝　社

〒171-0014　東京都豊島区池袋 2-65-1
電話　03-3986-3271
FAX　03-3986-3272（営）／ 03-3986-8892（編）
info@hakuteisha.co.jp
http://www.hakuteisha.co.jp

組版・印刷・製本　萩原印刷株式会社

©Chen Yan / Zhan Xiaomei / Liu Anwei 2018　　＊定価は表紙に表示してあります
ISBN 978-4-86398-299-4　　　　　　　　　　　Printed in Japan〈検印省略〉6914